JN308707

小学校・中学校・高等学校における

新しい障がい理解教育の創造

交流及び共同学習・福祉教育との関連と
5原則による授業づくり

Tominaga Mitsuaki
冨永光昭 ◆編著

- まず，障がいを肯定的側面からとらえよう！
- 障がいを自分たちの問題としてとらえよう！
- 障がいを社会的問題としてとらえよう！
- 活動と認識の統一をしよう！
- 障がい児の本人理解を進めよう！

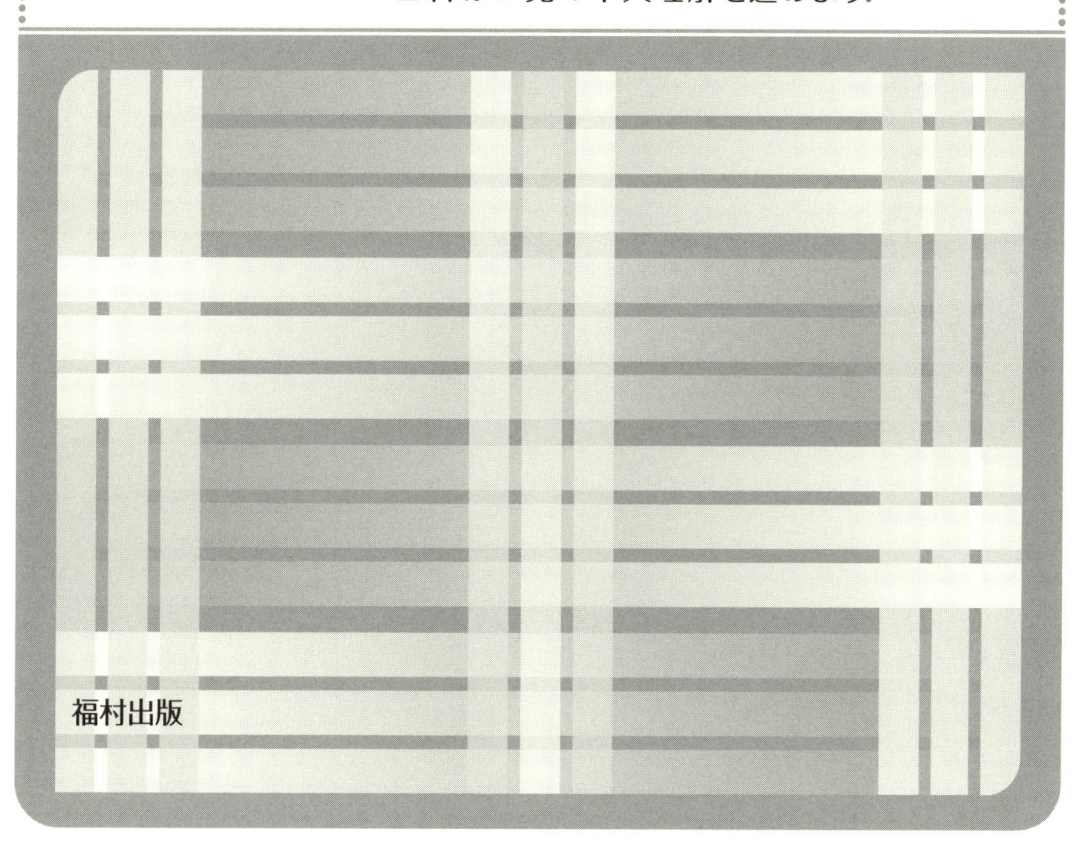

福村出版

[JCOPY] 〈(社)出版者著作権管理機構 委託出版物〉
本書の無断複写は著作権法上での例外を除き禁じられています。複写される場合は、そのつど事前に、(社)出版者著作権管理機構（電話 03-3513-6969、FAX 03-3513-6979、e-mail: info@jcopy.or.jp）の許諾を得てください。

はじめに

　障がい理解教育の授業を熱心に進めている小学校でのことです。障がい理解に関する著名な児童書の読み取りを行った後，障がいのある人を招いて話を聞き，児童たちは意見交換を活発に行っていました。「障がいのある人のことを理解することが大切だと思います」「障がいのある人がいたら，手を差し伸べることが必要です」「障がいのある人は，障がいを乗り越えてすばらしいと思います」等の意見が出され，一見，児童たちの障がい理解が深まったかのようでした。ところが，休憩時間になると，児童たちが特別支援学級の児童たちを避け，差別的な表現さえ使っている光景を目にしました。

　学校全体で熱心に障がい理解教育がなされていながら，どうしてこのようなことが起きるのでしょうか？

　ホールスクール・アプローチにより系統的な障がい理解教育を行っている学校でさえ，このような問題状況がみられる現実をわれわれはどのように受けとめればよいのでしょうか？

　各学校で障がい理解教育の重要性が指摘されながら，形式的な取り組みや散発的で場当たり的な取り組みにとどまるケースが数多くの学校でみられます。取り組みの進捗具合についても学校差や地域差が大きく，理論的実践的整理が必ずしも十分になされているとはいえない状況にあります。

　道徳や国語等さまざまな教科書等に障がい者（児）問題が掲載され，どの学校でも何らかのかたちで行われているはずの障がい理解教育そのものに，何か根本的な問題が存在するのではないかという思いから，ここ数年，私を中心としたチームにより障がい理解教育の実践研究が進められ，それを今回，本書としてとりまとめました。

　また，近年の動きとして，2008（平成20）年3月改訂の『幼稚園教育要領』『小学校・中学校学習指導要領』や2009（平成21）年3月改訂の『特別支援学校学習指導要領』『高等学校学習指導要領』でも，「交流及び共同学習」が明確に位置づけられ，その推進が課題となっています。

　今ここで，「交流及び共同学習」や障がい理解教育について問題状況を洗い出し，根本的な転換をはかるための「新たな障がい理解教育の視点」を提起する必要性を

感じています。

　本書では，従来とは異なった障がい理解教育のとらえ方を提起するとともに，私たちが各学校の協力を得て取り組みを進めている障がい理解教育の諸実践や指導計画を提案しています。まだ授業の典型を累積している途上ですが，本書で提起される視点や実践事例を参考にしていただき，各学校に即した取り組みを創造していただくなかから，ともに障がい理解教育のよりよい授業実践をつくり上げていけたら幸いです。

　また，本書では，「障害理解教育」ではなく，すべて「障がい理解教育」と表記しています。今なお，「障害」の表記がほとんどの書籍等でみられますが，現在，公的機関でも「障がい」の表記が増えつつあり，「障がい」表記の書籍も散見されるようになってきました。このような現状をふまえ，今後，「障がい」の表記とその表記に込められた意図が浸透していってほしい，「障がい理解教育」こそがその先導的役割を担う必要があるという思いから，本書ではすべて，「障がい」「障がい理解教育」と表記しました。本書の意図をくみとっていただけたら幸いです。

　2011 年 4 月

冨永　光昭

目次

はじめに 3

第1章 障がい理解教育のあゆみと関連用語の整理 ……… 7

1. 交流教育，共同教育，福祉教育の始まりと推進 7
2. 交流教育・共同教育の拡充と障がい理解教育の提起 10
3. 障がい理解教育と障がい理解学習，交流及び共同学習，福祉教育の位置づけ 12

第2章 障がい理解教育を学校・学級全体の問題としてとらえる
——障がい理解教育は"学校・学級づくりの要" ……… 19

1. 何のために障がい理解教育を行うか 19
2. 教師（集団）も障がい理解教育の対象である 21
3. 障がい理解教育を授業としてとらえる 22
4. 各学校の現状をふまえる 23
5. 他の教育テーマとつなげる 23

第3章 課題と5つの原則 ……… 25

1. 障がいをマイナスの側面からとらえる問題
   → 原則1「まず，障がいを肯定的側面からとらえよう！」 25
2. 障がいを他人事としてとらえる問題
   → 原則2「障がいを自分たちの問題としてとらえよう！」 32
3. 障がいを個人の問題としてとらえる問題
   → 原則3「障がいを社会的問題としてとらえよう！」 52
4. 形式的な交流にみられる問題
   → 原則4「活動と認識の統一をしよう！」 64
5. 障がい理解教育の主体から障がい児が除かれている問題
   → 原則5「障がい児の本人理解を進めよう！」 67

| コラム | ドイツの環境教育とからめた授業　薬草と野生の花プログラム　81

| 第4章 | 5原則をふまえたユニバーサルデザインについての授業 ……… 86

　| 1 | ユニバーサルデザインとユニバーサルスポーツ　86
　| 2 | ユニバーサルデザインの本質　106

| 第5章 | 障がい理解教育の授業の実際──実践の検討と指導案の修正 …… 109

　| 1 | 授業実践1「うれしいときってどんなとき」「裏山の竹林を使って遊ぼう」　109
　| 2 | 授業実践2「養護学校小学部と交流しよう」　134

| 第6章 | 障がい者(児)の歴史の教材化 …………………………………… 161

　| 1 | 障がい者（児）の社会における位置づけの変遷──そのとらえ方と教材化　161
　| 2 | プラス面を取り上げる意義　166
　| 3 | 障がい児教育・福祉にかかわった人たちから学ぶ　168

　付録　障がい理解教育に絵本・児童文学，映画，漫画を活用する　173
　　| 1 | 障がい理解教育と「文化作品」／| 2 | 絵本・児童文学を活用する
　　| 3 | 映画を活用する／| 4 | 漫画を活用する／| 5 | 「文化作品」を活用する視点

引用・参考文献　194
あとがき　199

第1章

障がい理解教育のあゆみと関連用語の整理

　最初に，これまでの障がい理解教育のあゆみについて，文部科学省（旧，文部省）や厚生労働省（旧，厚生省）等のとらえ方もふまえながら，時期ごとにわかりやすく焦点化し，整理しておきたいと思います。その際，各立場により用語の使用が異なっていますので，そのあたりの事情やなぜそのような用語が使用されたかについても，できるかぎりふれることにします。

1 　交流教育，共同教育，福祉教育の始まりと推進

　戦後，特殊学級（現，特別支援学級）の設置が増えるにつれ，当初の水増し教育がなされた通常の学級から分離した体制となり，通常の学級と特殊学級との「交流の時間」が設けられていくようになりました。この時期の交流は，主に特殊学級の児童生徒らが遠足や運動会などの行事に参加したり，特殊学級で栽培した花を通常の学級に持っていったりすることなどで，特殊学級と通常の学級が分離した状態による弊害を除くために，従属的で融和的な特徴がみられたといいます。1960年代に入ると，行事以外にも，体育や音楽等の授業や日常生活での交流もみられ，特殊学級の交流に加えて，盲学校などの特殊学校（現，特別支援学校）との交流も行われるようになっていきます。

　そのようななか，文部省（現，文部科学省）は，省内に特殊教育総合研究調査協力者会議を設置し，1969（昭和44）年3月には最終報告書『特殊教育の基本的な

施策のあり方について』をとりまとめました。このなかでは，特殊教育の改善充実のための基本的な考え方が示され，「普通児とともに教育を受ける機会を多くすること」が指摘されています。その意義は，「人間形成，社会適応，学習活動など種々の面において教育効果がさらに高められること」から，「可能なかぎり普通児とともに教育を受ける機会を多くし，普通児の教育からことさらに遊離しないようにする必要がある」というものでした。

これを受けて，1971（昭和46）年の『盲学校，聾学校及び養護学校小学部・中学部学習指導要領』において，心身に障がいのある児童生徒らが，「経験を広め，社会性を養い，好ましい人間関係を育てるため，小学校の児童又は中学校の生徒と活動をともにする機会を積極的に設けることが望ましい」と指摘されました。そして，続く1972（昭和47）年の『盲学校，聾学校及び養護学校高等部学習指導要領』で，他の高等学校の生徒とともに行う活動に，「地域の人々とともに行う活動」が付言されました。

これ以後，文部省はいわゆる「交流教育」の促進をはかり，障がいのない児童生徒らの教育目的は，「障害のある児童生徒らの障害克服に触れ自分の生活や学習を正していくこと」や「弱者に対する思いやりを育む」こととされました。これが，文部省による「交流教育」の位置づけの出発点でした。

この「交流教育」のとらえ方の特徴について，ポイントを指摘すれば，
①盲学校，聾学校および養護学校学習指導要領にのみ盛り込まれたように，障がいのある児童生徒の教育の側から提起されたこと
②障がいのある児童生徒には社会性の育成，障がいのない児童生徒には障がい理解が目的とされ，児童生徒により二分化されてとらえられたこと
③障がいのない児童生徒には，一方的に障がいのある児童生徒を「弱者」と位置づけ，「思いやりの育成」に象徴されるような道徳的なとらえ方がなされたことであり，以後の交流教育の性格を規定していきます。

一方，この時期（1968～1972年）には，京都府立盲学校舞鶴分校・聾学校舞鶴分校と舞鶴市立高野小学校の児童らとの交流が進められ，障がいのある児童生徒らの集団生活における適応性を育みつつ，通常の学級の児童生徒らとの「共同」の活動によってともに発達していく取り組みがなされました。このような京都府の取り組みは，「共同教育」の立場によるとらえ方の出発点に位置づけられています。

さらに，さまざまな地域の小学校や中学校の共同教育の試みが報告されるように

なり，この実践の成果にもとづき，共同教育の意味や性格，内容が明確化されていったといいます（1973~1976年）。

このような「共同教育」の理念には，障がいのある子どもたちの基礎集団をしっかりと育てながら，同学年や他学年の学級と対等・平等に共同で学びあうというとらえ方があり，当時の養護学校義務制の実現や形式的な統合教育のとらえ方に対する批判的立場が反映されていました。

その後，文部省は，1979（昭和54）年の『盲学校，聾学校及び養護学校の学習指導要領』の改訂で，交流教育推進のための活動を「学校教育全体を通じて」行うこととし，学習指導要領の「特別活動」だけでなく「総則」においても，障がいを有する児童生徒が，できるだけ小学校の児童や中学校の生徒とともに行う活動の機会を計画することが初めて明記され，文部省はよりいっそう交流教育の推進に力を入れていくことになります。

以上のような教育分野における取り組みに対し，福祉の分野からは，「福祉教育」が提起されます。1971（昭和46）年に，東京都社会福祉協議会福祉教育研究委員会（3月）や全国社会福祉協議会福祉教育研究会（5月）で定義づけがなされ，そこで福祉教育は，地域住民の課題であり，「市民教育である」とされました。これは，福祉教育の1つのとらえ方であり，当初は広い意味を有していたことがわかります。

その後，1977（昭和52）年に，厚生省は文部省に対して「現在の小・中学校における社会福祉に関する教育は，制度の部分的な説明にとどまっている」ことを指摘し，小・中学校の学習指導要領の社会科，道徳，特別活動に福祉教育の内容を組み込むよう要望しました。さらに同年，「学童・生徒のボランティア活動普及事業（福祉教育協力校制度）」を開始し，障がい者への理解教育を含む「学校教育における福祉教育」が課題となっていきます。これが，福祉教育の2つ目のとらえ方です。

しかしながら，学習指導要領に福祉教育が盛り込まれるのは，1989（平成元）年の改訂によってであり，学校教育における福祉教育がクローズアップされるのは，1990年代に入ってからでした。

ここまでの障がい理解教育のあゆみをみると，「文部省などによる交流教育の推進」と「共同教育の立場による推進」「厚生省による福祉教育の推進」という大きな3つの流れをみることができます。

第1章　障がい理解教育のあゆみと関連用語の整理

2 交流教育・共同教育の拡充と障がい理解教育の提起

a 交流教育の推進

　交流教育は,『盲学校,聾学校及び養護学校学習指導要領』への明記に加え,文部省が1979（昭和54）年から「心身障がい児理解・認識推進事業」に着手したことにより進められたとされます。この事業では,小・中学校における障がいのある児童への理解・認識の向上,協力体制の確立,指導力の充実をはかることがねらいとされました。

　ここで注目されるのは,厚生省の福祉教育推進の要望の時期と符合し,文部省は,むしろ心身障がい児理解・認識に力点を置いている点です。縦割り行政の問題がうかがえるとともに,福祉教育ではなく交流教育を推進していく姿勢をみることができます。また,障がい理解ということばは用いていませんが,障がいのある児童生徒の理解を深めるために交流教育を推進しようとしていること,そのために教師の理解推進にポイントを置いていることがわかります。

　その代表的な取り組みとして,以下のことがあげられます。

①小学校と中学校の手引書の作成と配布（1980〔昭和55〕年の『心身障害児の理解のために』をはじめとして,1996年度まで計16冊作成）

②小学校や中学校の教員などの障がい児理解を深め交流のあり方について学ぶ「心身障害児指導講習会」の開催（この講習会が後に,「交流教育地域推進指導講習会」〔2002年度〕につながり,2003年度からは国立特殊教育総合研究所（現国立特別支援教育総合研究所）の「交流及び共同学習推進指導者研修」として受け継がれている）

③各都道府県の小・中学校各1校,計94校の「心身障害児理解推進校」の指定（盲・聾・養護学校の児童生徒との交流のあり方を中心に実践研究が進められ,この事業を契機に「心身障害児交流活動地域推進研究校の指定事業」〔1987～1996年度〕,「交流教育地域推進事業」〔1997～2000年度〕,「地域における交流活動の充実に関する調査研究」〔2001年〕が行われた）

b 通常の学校の学習指導要領における交流教育の明確な位置づけ

　1996年の中央教育審議会による『21世紀を展望した我が国の教育の在り方につ

いて（一次答申）』では、「交流教育が障害のある子どもだけでなく、参加する教員、すべての子どもたち、地域の人々にとって有意義な活動であること、交流の機会をさらに増やすための努力と工夫が必要であること、社会全体が障害のある子どもへの理解をいっそう深めていくこと」を望むものとされました。さらに、『学習指導要領』の改訂に向けた1998（平成10）年の『教育課程審議会答申』では、「すべての幼児児童生徒にとって豊かな人間性や社会性を育む上で大きな意義があるとともに、地域社会の人々が障害のある幼児児童生徒とその教育に対する正しい理解と認識を深める上で極めて重要であり、このような観点から交流教育の一層の充実を図る」としました。

　このような流れを受けて、1998年の『盲学校、聾学校及び養護学校小学部・中学部学習指導要領』および『盲学校、聾学校及び養護学校高等部学習指導要領』の総則では、「地域や学校の実態等に応じ、地域社会との連携を深めるとともに、学校相互の連携や交流を図ること」「小学校の児童又は中学校の生徒及び地域社会の人々と活動をともにする機会を積極的に設けるようにすること」とされました。また、これまでは、『盲学校、聾学校及び養護学校小学部・中学部学習指導要領』および『盲学校、聾学校及び養護学校高等部学習指導要領』のみの規定でしたが、『盲学校、聾学校及び養護学校幼稚園教育要領』や通常の学校の学習指導要領（『小学校学習指導要領』『中学校学習指導要領』『高等学校学習指導要領』）でも、この1998年（高等学校だけは1999年）の改訂により、初めて交流教育について明記されました。

　たとえば、1998年改訂の『小学校学習指導要領』の総則では、「障害のある幼児児童生徒との交流」を「児童が障害のある幼児児童生徒とその教育に対する正しい理解と認識を深めるための絶好の機会であり、同じ社会に生きる人間として、お互いを正しく理解し、ともに助け合い、支え合って生きていくことの大切さを学ぶ場」として位置づけ、児童に障がい理解を育むことの重要性を指摘しています。このように、『幼稚園教育要領』や通常の学校の学習指導要領においても交流教育について規定されたことは、障がい児教育の側だけでなく、通常の教育の側においても交流教育の重要性を認識し取り組みを進めていくうえで大きな意義を有していました。

c　障がい理解教育の提起と推進

　共同教育推進の立場からも、1980年代から、全国各地で「交流から共同教育を

めざす実践」についての数多くの報告が出されるようになりました。障がい児学校だけではなく障がい児学級での実践が急速に進み，より質の高い共同教育を進めていくために実践をとおした討議が深められていったといいます。交流・共同教育のなかで取り組まれていた「障がい」や「障がい者問題」への理解を深める学習が，独自の課題として認識され，教育課程に位置づけられていったのもこの時期の特徴です。その際，障がい・障がい者問題の科学的認識を育てることや，小・中学校の発達段階をふまえた到達目標と内容の検討が課題となっていました。

一方，もう1つの流れとして，1987（昭和62）年には，筑波大学（徳田克己研究室）に「障害理解研究会」が設けられ，障害理解研究が組織的に進められていきます。この研究会の障害理解は，「障害のある人に関わるすべての事象を内容としている人権思想，特にノーマライゼイションの思想を基軸に据えた考え方であり，障害に関する科学的認識の集大成である」と定義され，そのような障害理解を進めていく教育を「障害理解教育」としました（1996年より『障害理解研究』を刊行し，2007年には日本障害理解学会へと拡充されました）。

これまで，主に活動に重きを置いていた交流教育からの新たな展開として，活動と認識の両者を追求する障がい理解教育が明確に課題として浮上したのです。

このような動きにともない，教育学あるいは心理学の研究者や教師による障がい理解に関する研究が，学会などさまざまな場で発表されるようになっていきました。しかし，そのほとんどが単発的に行われる教育活動の紹介にとどまり，研究の積み重ねの視点に欠けるものが多いという問題点も，徳田により指摘されています。

3 障がい理解教育と障がい理解学習，交流及び共同学習，福祉教育の位置づけ

a 「交流教育」から「交流及び共同学習」への拡充

ここで，「交流教育」という用語から，現在用いられつつある「交流及び共同学習」の用語に変わったターニングポイントについてみてみることにしましょう。

2004（平成16）年6月に改正された『障害者基本法』第14条第3項に，「障害のある児童生徒と障害のない児童生徒との交流及び共同学習による相互理解の促進」について規定され，これが「交流及び共同学習」という用語を初めて明確に示した法的文書となりました。あわせて衆議院内閣委員会では，障害者基本法の法案

の付帯決議で「障害のある児童生徒とその保護者の意志及びニーズを尊重しつつ，障害のある児童生徒と障害のない児童生徒がともに育ち学ぶ教育を受けることのできる環境整備を行うこと」という関連事項が盛り込まれました。

　このように『障害者基本法』において，「交流及び共同学習」を積極的に進めることが規定されたことを受け，中央教育審議会の2005（平成17）年12月の『特別支援教育を推進するための制度の在り方について（答申）』でも，「第3章　盲・聾・養護学校制度の見直しについて　(2)センター的機能の具体的内容」において「盲・聾・養護学校（特別支援学校〔仮称〕）に在籍する児童生徒と，地域の小・中・高等学校等（『等』は中等教育学校をさす）の児童生徒との交流及び共同学習の機会が適切に設けられることを推進するべきである」とし，「第4章　小・中学校における制度の見直し」でも，「障害のある児童生徒と障害のない児童生徒との交流及び共同学習を積極的に進めることによって，その相互理解が促進されなければならない」とされました。

　ここで，注目すべきは，従来の交流に加え，共同学習が追加されたことです。これまでの障がい理解教育のあゆみから，共同教育の取り組みの進展についてふれましたが，対等・平等の関係で学びあう「共同」の考え方が広がりをみせていったととらえることができるでしょう。また，国立特別支援教育総合研究所の報告にみられるように，実質的にインクルーシブ教育＊の進展をはかるためには，従来の交流教育にとどまることなく，共同学習の追求が必要とされたともいえるでしょう。

　このような「交流及び共同学習」の提起は，2008（平成20）年3月に告示された新しい『小学校学習指導要領』『中学校学習指導要領』にも影響を与え，「障害のある幼児児童生徒などとの交流の機会を設けること」というこれまでの規定に対して，「学校がその目的を達するため」と強調するとともに，「障害のある幼児児童生徒との交流及び共同学習の機会を設けること」と明記され，これまでは「交流」「交流学習」「交流教育」「共同教育」等さまざまな用語が使用されてきたこの領域に対して，行政的にこの「交流及び共同学習」の用語に統一されることになりました。これは，2009（平成21）年3月に告示された『高等学校学習指導要領』も同様です。さらに，2009年3月に告示された新『特別支援学校学習指導要領』においても，「交流及び共同学習」の計画的組織的な推進を行うことが規定され，通常の学校と特別支援学校双方からのいっそうの推進が求められることになりました。

　このような「交流及び共同学習」の取り組みを具体化するためのものとして，埼

＊インクルーシブ教育……一体化教育。通常の教育と特別ニーズ教育（日本では特別支援教育）を一体化して進めていく教育。

玉県の「支援籍制度」（2004年度から）や東京都の「副籍制度」（2007年度から）が取り上げられています。「支援籍制度」は，障がいのある児童生徒と障がいのない児童生徒が一緒に学ぶ機会を拡大するために，在籍する学校または学級以外に籍を置くことができる制度で，障がいのない児童生徒の障がいのある人々に対する差別や偏見などの心のバリアを取り除き，障がいのある児童生徒の「社会で自立できる自信と力」を養うとされています。また「副籍制度」も，都立特別支援学校の小・中学部に在籍する児童生徒が，居住する地域の区市町村立小・中学校に副次的な籍（副籍）をもち，直接的な交流（小・中学校の学校行事や地域行事における交流，小・中学校の学習活動への参加等）や間接的な交流（学校・学年・学級便りの交換等）を通じて，居住する地域とのつながりの維持・継続をする「居住地交流」の制度で，2007年度からすべての区市町村で導入されています。両者とも，支援籍・副籍を置くことにより，「交流及び共同学習」が展開しやすいシステムづくりがなされた点で注目されています。国レベルでの導入が検討されている今，よりいっそうの中身の検証が求められます。

　また，大南により「交流及び共同学習」の事例が示され，日本教育新聞でも，各地の「交流及び共同学習」の実践例が紹介されています。

　文部科学省も，2008年8月からウェブサイト上に『交流及び共同学習ガイド』を掲載し，「第2章　交流及び共同学習の展開」で，「1　関係者の共通理解」「2　組織づくり」「3　指導計画の作成」「4　事前学習」「5　交流及び共同学習の実際」「6　事後学習」「7　評価の方法」「8　実施上の留意点」「9　事例」の項目をあげ，そのうち「9　事例」では，小学校と特別支援学校との交流や小学校の通常の学級と特別支援学級との交流を紹介しました。

　さらに，国立特別支援教育総合研究所では，「交流及び共同学習」の調査や実践研究が行われてきました。

　ただ，このような取り組みをみると，「交流及び共同学習」の結果として障がい理解がはかられるというものが多く，障がいについての認識の形成への取り組みが不十分なものも少なくありません。

　そもそも「交流及び共同学習」を実質的なものにするためには，前提として，真の意味の障がい理解が問われるはずです。ところが，「交流及び共同学習」と位置づけられるなかで，障がい理解そのものに本格的に取り組むという姿勢が曖昧になってしまうケースも見受けられるのです。一方で，障がいについての認識は，教

```
交流，交流教育等                  共同教育              福祉教育
(*経験主義・形式)          (*基礎集団ベースの対等・    (*市民教育・学校
                            平等の学びあい)          教育・専門教育)
```

内容論

障がい理解教育
広義
(*市民教育)
対象＝地域の人々等

対象＝教師（集団）・保護者・看護師・PT・ST・OT 等

形態論

交流及び共同学習

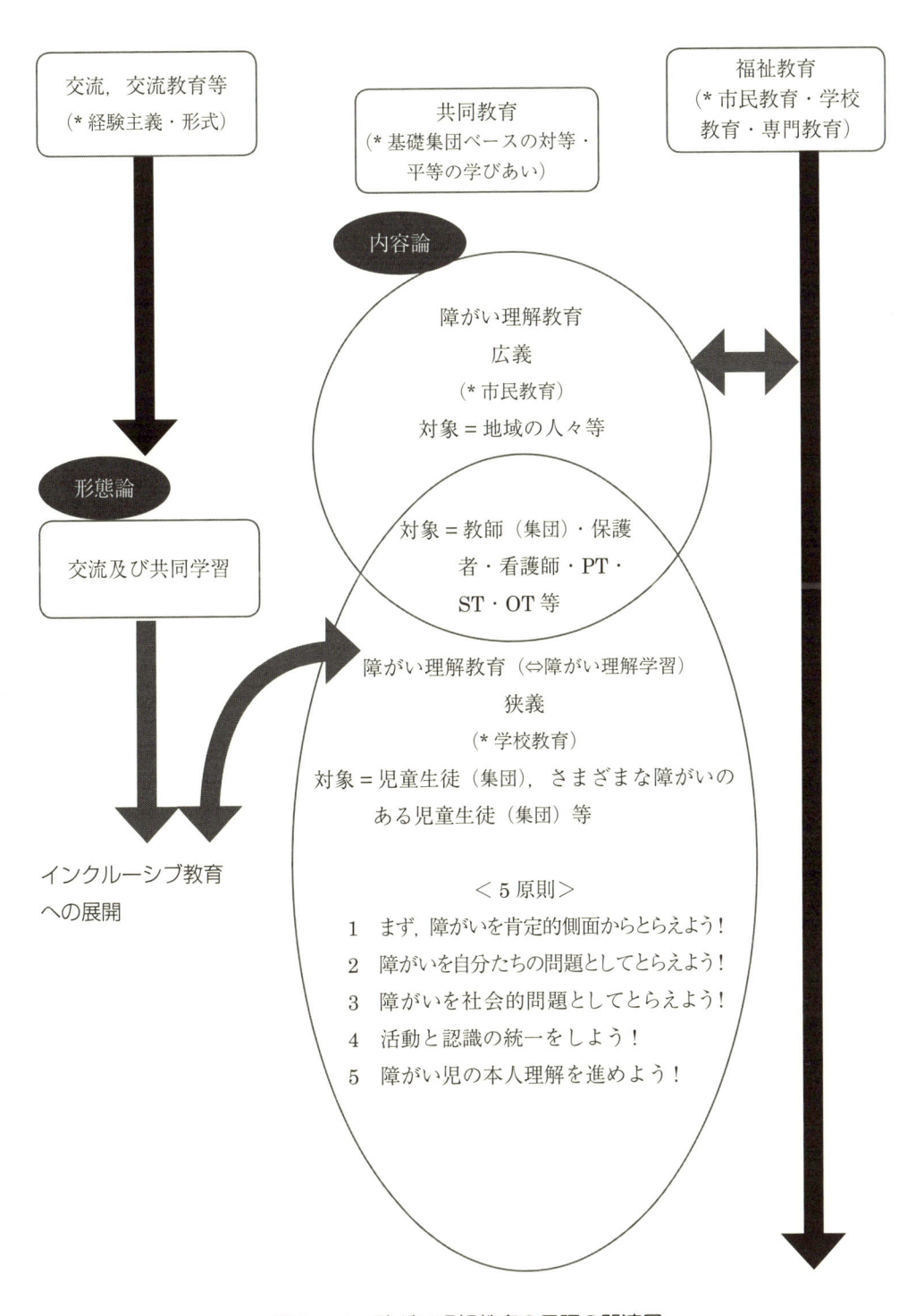

障がい理解教育（⇔障がい理解学習）
狭義
(*学校教育)
対象＝児童生徒（集団），さまざまな障がいのある児童生徒（集団）等

＜5原則＞
1 まず，障がいを肯定的側面からとらえよう！
2 障がいを自分たちの問題としてとらえよう！
3 障がいを社会的問題としてとらえよう！
4 活動と認識の統一をしよう！
5 障がい児の本人理解を進めよう！

インクルーシブ教育
への展開

図1－1 障がい理解教育の用語の関連図

第1章 障がい理解教育のあゆみと関連用語の整理

科書にもさまざまに盛り込まれていますが，道徳や国語，社会等の別々の教科に切り離されたかたちで部分的に展開されています。総合的な学習の時間等において取り組まれる場合も，福祉教育として対象を広げてとらえられてしまうこともあります（詳しくは第6章参照）。

　このような取り組みの状況には，3つの問題が内包されています。

　1つは，後に詳述するように，学校・学級づくりの要としての障がい理解教育の位置づけの問題です。この重要性が認識されないかぎり，取り組みは形式的なものにとどまることになります。

　2つ目は，「交流及び共同学習」と障がい理解教育の関係性のとらえ方の問題です。これまでのあゆみに示されたように，活動のみの交流教育には限界がありました。共同教育を推進するためにも，発達段階をふまえた科学的障がい理解教育が必要とされました。障がい理解教育を基点に，「交流及び共同学習」をとらえ直し，活動と認識の統一をはかっていくことが重要です。

　3つ目は，障がい理解教育の中身と時間数のとらえ方の問題です。本格的に取り組むというのは，ただ時間をかけるという意味ではありません。各々の学校の特色により，環境教育や国際理解教育等力の入れ方が異なり，障がい理解教育に振り分けられる時間数も多様です。しかし，障がい理解教育独自の意義から，振り分けられる時間数の多い少ないにかかわらず，形式的でそれぞれが切り離されている取り組みを集約させ，中身の濃い取り組みを順序づけながら，障がい理解教育を丁寧に行っていくことが重要なのです。

b　福祉教育との関連

　高等学校福祉科の設置と2002（平成14）年の総合的な学習の時間の導入により，その内容の1つである福祉教育に注目が集まっています。また，2009（平成21）年の『特別支援学校学習指導要領』において，高等部（知的障がい）の専門教科として福祉科設置が規定され，この分野の重要性は増しています。すでに指摘したように，従来の「福祉教育」の用語は，主に福祉分野で用いられていましたが，このような流れを受け，よりいっそう教育の分野での福祉教育の推進がはかられようとしています。

　当然，福祉教育の一分野として障がい者問題，障がい理解教育が取り上げられており，徳田らの調査によれば，総合的な学習の時間に障がいに関する内容を指導し

ていた小学校教師は75%でした。その内容は,「障がい者が感じるバリアやバリアフリー施設・設備に関すること」が多く,方法は「シミュレーション体験(擬似体験)を行うこと」や「障がい者を招いて話を聞く」というものが90%を占めたとされています。

アイマスクによる目隠し体験などのシミュレーション体験に関しては,「より具体的な理解を促すうえで役に立つだろうが,『目が見えない人』というような一義的な『障がい者』像を意識のなかにつくり上げてしまう危険性があることを十分に意にとめておかなければならない」という真城の指摘が重要です。本書でも,後にこの問題について詳述しています(第3章3節参照)。

徳田らの研究の大筋にも示されているように,一般的にはこのような福祉教育の一環,あるいは一般的認識として障がい理解教育がとらえられているのも事実です。また,既述したように,福祉教育の歴史からも市民教育としての側面もあわせもっています。このような広義の障がい理解教育に対して,狭義の障がい理解教育のとらえ直しとその展開の必要性を強く主張したいと思います。

すなわち,多くの通常の学校で特別支援学級が設置されており,通常の学級も含めてさまざまな特別なニーズのある子どもたちが学んでいる現状からも,障がい理解教育には,単に知識の教育にとどまらず,ともに学校生活を送る仲間として育ちあうという重要な課題があり,学校づくりや学級づくりと関連して取り組む必要があるといえます。福祉教育というかたちで部分的に取り上げるだけでなく,障がい理解教育には同じ学校の仲間のことを理解し,ともに学習し,生活することを学ぶ意義があるのです。

各学校で人権教育が重要なものとして位置づけられながら,同じ学校の仲間への真の意味の障がい理解を抜きにし,きれいごとを並べても,そのような教師(集団)の姿勢を子どもたちは見抜いています。また,このような障がい理解教育と「交流及び共同学習」が切り離されて展開されるとき,中途半端な形式的な取り組みに終わり,児童の理解も表面的なものにとどまってしまいます。むしろ,「交流及び共同学習」を障がい理解教育のなかに明確に位置づけ展開する必要性を感じます。「交流及び共同学習」を進めるためには,真の障がい理解の授業が不可欠であり,その授業はかたちだけの交流を廃し,さまざまな共同学習を展開する基盤をつくり上げるうえで重要です。後に詳述する「障がい理解教育における知識と活動の統一」や「子どもだけでなく,教師集団や保護者も障がい理解教育の対象とするこ

と」「本人理解も進めること」等の課題が問われることになります。

c 障がい理解学習と障がい理解教育のとらえ方

　近年,「障がい理解学習」という用語が使用されつつあります。この要因として,総合的な学習の時間の導入等により,子どもの主体的活動・学習が重視されるようになったことがあげられます。しかし,総合的な学習の時間の導入により,障がい理解学習が子どもたちに知識を教えるうわすべりした学習に陥る問題や経験するだけの「交流」になりやすい問題も指摘されています。

　障がい理解学習においては,障がい理解を人間理解ととらえ,障がいを理解するということは,「障がい者を理解する」ことではなく,「人間（自分）とは何か」を学習することが重要であるととらえられています。また,近年,障がい理解学習の実践が深まるなか,障がい児自身が自分の障がいをどう受容してどう理解していくかという,「自分理解」が教育実践の課題として提起されるようになっています。障がいのある子どもたちの自分理解の学習は,きめ細かく計画することが大切で,子どもたちのもっている障がいだけを取り出して教えるものではないことを確認する必要があります。

　私は,このような「障がい理解学習」のとらえ方を評価しつつも,あくまで「障がい理解教育」としてとらえる必要性を感じています。すなわち,この障がい理解の取り組みは,教師の指導性抜きにきめ細かな指導が展開できないからです。児童生徒の主体性を引き出すことも,教師の指導性にかかっており,この障がい理解教育に関しては,教材づくりを含めて教師の果たす役割が大きいといえます。そのような意味も込めて,あえて「障がい理解教育」としての用語の使用を主張しています。

第2章
障がい理解教育を学校・学級全体の問題としてとらえる
―― 障がい理解教育は"学校・学級づくりの要"

1 何のために障がい理解教育を行うか

　障がい理解教育は，学校教育において各教科や総合的な学習の時間，道徳，特別活動等さまざまな指導領域で，各教科や福祉教育の一部，交流教育，交流及び共同学習等として取り組まれてきました。ところが，将来教師を志す学生から話を聞くと，「記憶に残っていない」「頭ではわかっていても実感がともなわない」「他人事のように思っていた」「うわべだけを理解していた」等，否定的な感想も数多くみられました。たしかに，障がい理解教育に熱心な学校とそうでない学校では差がみられるでしょうが，熱心な学校においても，果たして，障がい理解教育のポイントがしっかりと押さえられているのか疑問が残りました。

　まず第一に押さえなければならないのは，何のために障がい理解教育を行うかという点です。

　ここで，学校の障がい児数と現状の取り組みをみてみましょう。都道府県によって差がありますが，中学校とほとんどの小学校に特別支援学級が設置され，13万5166人の児童生徒がその教育の対象となっています（『学校基本調査』〔2009年5月現在〕。ちなみに，特別支援学校小学部・中学部の児童生徒数は6万2302人で，高等部の生徒を合わせても12万1755人です）。また，小学校や中学校の通常の学級には，約68万人の発達障がい児が潜在的に在籍しているとされ，5万4021人が通級の指導を受け通常の学級で学んでいるとされています（2009年5月現在）。高等学校におい

ては，文部科学省の「発達障害モデル事業」等により，発達障がい生徒への対応を中心に特別支援教育の取り組みを推進しています。また，大阪府では，高等学校への知的障がい生徒の受け入れが制度化され，静岡県や神奈川県をはじめとして，高等学校に特別支援学校の分校・分教室を設置する都道府県もみられます。このような現状をみれば，小学校・中学校・高等学校で学ぶさまざまな特別なニーズのある児童生徒の存在を無視することはできないといえるでしょう。

ところが，実質的には特別支援学級が学校全体から孤立しているケースや，通常の学級の担任が特別なニーズのある児童生徒を含めたクラスづくりや授業づくりに課題をかかえていることが多く，そのようななか，いくら知識だけの障がい理解教育を進めても，児童生徒たちがその真の意味を理解することは難しい状況にあります。各学校で人権教育の重要性が叫ばれながら，同じ学校の仲間である特別なニーズのある児童生徒を特殊視して排除しているようでは，人権教育自体がうわべだけのものになってしまうのではないでしょうか。このような学校では，特別なニーズのある児童生徒にかぎらず，児童生徒同士がお互いの価値を認めあうことがなく，場合によっては，いじめの構造が支配しているケースも少なくないのです。

ただ単に対象として障がい（児）をとらえ，知識としての理解教育を進めるのではなく，特別なニーズのある児童生徒を学校の仲間として認めあうことを第一義とする障がい理解教育を展開する必要があります。そして，こういった位置づけをすることが「学校における障がい理解教育」の独自の位置づけであるといえるのです。

海外の学校の取り組みはどうでしょうか。イギリスのインクルーシブ教育の最新の動向をみれば，エインスコウ等により，「インクルーシブな文化を創り出すこと」「インクルーシブな方針を生み出すこと」「インクルーシブな実践を展開すること」といった，インクルーシブな方向へと学校を改善するための3つのポイントが指摘されています。とくに「インクルーシブな文化を創り出すこと」として，「生徒相互の助けあい」「教職員同士の協同」「生徒と教師が互いに敬意をもつこと」「教職員と保護者との連携」等があり，インクルーシブな価値を確立するコミュニティの形成がめざされているといえます。すなわち，このように学校にインクルーシブな文化をつくり出すうえで，まさに障がい理解教育が重要な役割を有しているのです。

また，学力世界一とされたフィンランドでは，学業だけでなく同時に，さまざまな特別なニーズのある児童生徒との共同の学びが充実しています。

将来，日本の児童生徒たちが世界にはばたき，人種・宗教・文化の異なる人たち，障がいのある人たちと社会的な取り組みを進めるとき，多様な児童生徒とともに学ぶ機会の少ない日本の児童生徒たちが，果たして真の意味での共同の取り組みが進められるのか不安になります。

　すべての児童生徒たちの未来を切り開くためにも，真の意味での障がい理解教育が求められているといえるのです。

2　教師（集団）も障がい理解教育の対象である

　これまで多くの学校で，特別なニーズのある児童生徒への関心が，特別支援教育教師（集団）にとどまりがちでした。特別なニーズのある児童生徒の問題は，主に特別支援学級で考えておけばよいという風潮や特別支援学級の担任が定着しないという問題もありました。そのようななか，近年，特別なニーズのある児童生徒の問題を学校全体でとらえていくという方向性が打ち出されました。

　しかしながら，各学校で校内委員会が設置され，特別支援教育コーディネーターが任命されても，なかなか実質的な取り組みとして展開できないという声を耳にすることが多いのが現状です。特別支援教育担当教師と通常の学級の担任，特別支援教育支援員等のあいだで意識の差がみられ，なかなか協力体制が組めず，一部の教師だけの取り組みにとどまってしまうという状況も指摘されています。

　何が問題なのでしょうか。たしかに，発達障がい児を含めて特別なニーズのある児童生徒を通常の学級でどのように指導していくかは重要な課題です。実際，特別なニーズのある児童生徒の入り込みの授業で各教科の指導法がいろいろと工夫されています。

　しかし，そのような入り込みの授業の際には，各受け入れクラスにおける障がい理解のありようが問われるのです。障がい理解を軸とした学級づくりがなされていなければ，特別なニーズのある児童生徒の入り込みの授業自体スムーズに進めることができません。指導法の工夫以前に，障がい理解教育にこそ，よりいっそう関心を向ける必要があります。

　そのためにはまず，学校全体の教師が障がいについて正しい認識をもつ取り組みを進めることが重要な鍵となります。後の実践事例でもふれますが，特別支援教育教師のなかにも，間違った障がい理解をもつ人がいます。また，福祉教育の一環と

して障がい理解教育を展開している教師のなかにも，バリアフリーやユニバーサルデザイン等について表面的な理解にとどまっている人をみかけます。まずは，教師（集団）が正しい障がい理解教育の進め方を知ってこそ，児童生徒たちへの伝達が可能になるのです。

　当然，特別支援教育の本来の像であるはずのホールスクール・アプローチ（学校全体のアプローチ），インクルーシブ教育，授業のユニバーサル化の進展という課題もありますが，その前提として，そもそも学校全体の教師（集団）への障がい理解教育がしっかりとなされているかが問われます。すなわち，障がい理解教育を広義にとらえれば，まずは教師（集団）の障がい理解教育が必要で，実際に特別支援教育の取り組みに成功している学校では，教員研修から始めています。そして，核になる教師（集団）をつくり上げていくのです。その核になる教師（集団）が，研究者等の応援を得ながら，障がい理解について研鑽を積み，障がい理解教育の授業づくりに踏み出すことが，今求められているのです。

3　障がい理解教育を授業としてとらえる

　障がい理解教育のカリキュラムや略案はよくみかけますが，授業論の観点から分析・検討を加えたものはそれほど多くはありません。これまで各地でさまざまな障がい理解教育が展開されていながら，その授業の吟味が十分になされているとはいえないのです。

　カリキュラムや略案だけをみれば，興味深いものもありますが，授業として展開する場合に，計画通りにいくかどうかはわかりません。じつは一見，中身があるようにみえて，実際の授業としてとらえ直したとき，不十分な障がい理解教育の実践，あるいは逆に，障がい理解を阻害する実践さえもみられます。

　障がい理解教育の授業は，児童生徒の実態把握，授業目標の設定，教材づくりのありよう，発問等の教師の指導性，環境の設定といった授業構成要素が相互にかかわりあって展開されていくので，授業のストラテジーをふまえた総合的・質的分析が求められます。こういった分析によって，よりよい障がい理解の授業を求めることができ，障がい理解の授業の典型をも見出すことができるのです。

　特別なニーズのある子どもたちを学校の仲間として認めあうという価値観にかかわるからこそ，慎重な対応が必要であり，障がい理解教育を授業としてとらえ直す

ことが求められます。本書の実践例でも，障がい理解教育をまさに授業としてとらえることにポイントを置いています。

4 各学校の現状をふまえる

このように「障がい理解教育こそが学校づくりの要」と主張したうえで，各学校により，障がい理解教育にかける時間も体制も異なっていることを押さえておく必要があります。たとえば，急に時間数を増やしたり，教師（集団）の意識を変えたりすることが難しいという問題があります。それぞれの状況に対応していくためには，本質を押さえ，現実的に対処していく方法を考える土台をつくる必要があります。

すでに指摘しましたように，各学校において各教科や道徳，総合的な学習の時間等，何らかの指導領域で，障がい等の課題についてふれているはずですが，各々扱いがバラバラであり，"ほんもの"でないことこそが問題なのです。時間数を増やす前に，障がい理解の本質とそれぞれの内容とのつながりを問うことが必要です。

5 他の教育テーマとつなげる

また，総合的な学習の時間1つとっても，環境教育や国際理解教育等，学校によって主たるテーマはさまざまですが，その際に障がいの問題が他の問題——たとえば環境や平和の問題——とつながっているという視点を大切にすることにも意義があります。さらに，そのような他の問題とつながりをもったプログラムや教育内容の具体化が求められます。

たとえば，環境教育とつなげたドイツでの取り組みがあります。私は現在，ドイツの取り組みを参考にしながら，知的障がい児の環境教育の問題の整理を行っていますが，環境教育に新たなとらえ直しが始まっています。

2002年，ヨハネスブルクにおける「持続可能な開発に関する世界首脳会議」（ヨハネスブルク・サミット）に向けて，日本政府が日本のNGO（ヨハネスブルク・サミット提言フォーラム）とともに，「持続可能な開発のための教育（Education for Sustainable Development：ESD）の10年」を提案し，その合意を受け，2002年12月に国連総会において，2005〜2014年の10年間を「国連持続可能な開発のための教育の

10年」とするように決議されました。

　ここで注視すべきことは，日本の提起のみならず，国際的な展開のもとでとらえ直された環境教育の視点です。すなわち，環境教育は今，世界規模で取り組む課題であること，さまざまな関係性のなかでとらえていくこと，行動をつくり上げていく必要性があること，環境教育にとどまらず人権教育やジェンダー教育，平和教育，国際理解教育，福祉教育，特別支援教育等との重なりや共同を志向することなどが環境教育で重視されているのです。

　本書では，そのような他の教育との重なりにも着目しながら，新たなプログラムも提示します（コラム「薬草と野生の花のプログラム」参照）。これからの課題として，後で詳述する障がい理解教育の本質や原則をふまえ，他の教育テーマとのつながりを模索する取り組みが求められているといえるでしょう。

第3章

課題と5つの原則

　これから，さまざまな学校を訪問した際に特徴的な課題がみられた障がい理解教育の実践事例を紹介しつつ，相互に関連する障がい理解教育の5つの原則（図3-1）を指摘していきます。さらに，各々の原則にもとづいた授業計画の概要を紹介します。

1　障がいをマイナスの側面からとらえる問題
➡ 原則1「まず，障がいを肯定的側面からとらえよう！」

a　障がいの原因論よりも命のかけがえのなさを強調

　熱心な障がい理解教育の取り組みがなされていたB小学校で，5年生を対象に障がい理解教育の授業が行われていました。

　まず，授業の最初では，障がいの原因についての説明がなされていました。というのも，事前の調査で，児童から「どうして障がいをもつようになるの？」という質問が出され，教師集団がそれに答えようとしたためです。

　このように障がい理解教育では，障がいの原因に関する内容を取り上げるケースも多いのですが，この内容を取り上げる際は慎重に判断すべきであると考えます。児童の生活年齢や内容の順序性を考慮して設定しなければマイナスイメージを印象づける結果になりかねません。また，医学的障がいの原因を知って何につなげようとしているか，それよりももっと伝えなければならない重要なテーマはないか，そ

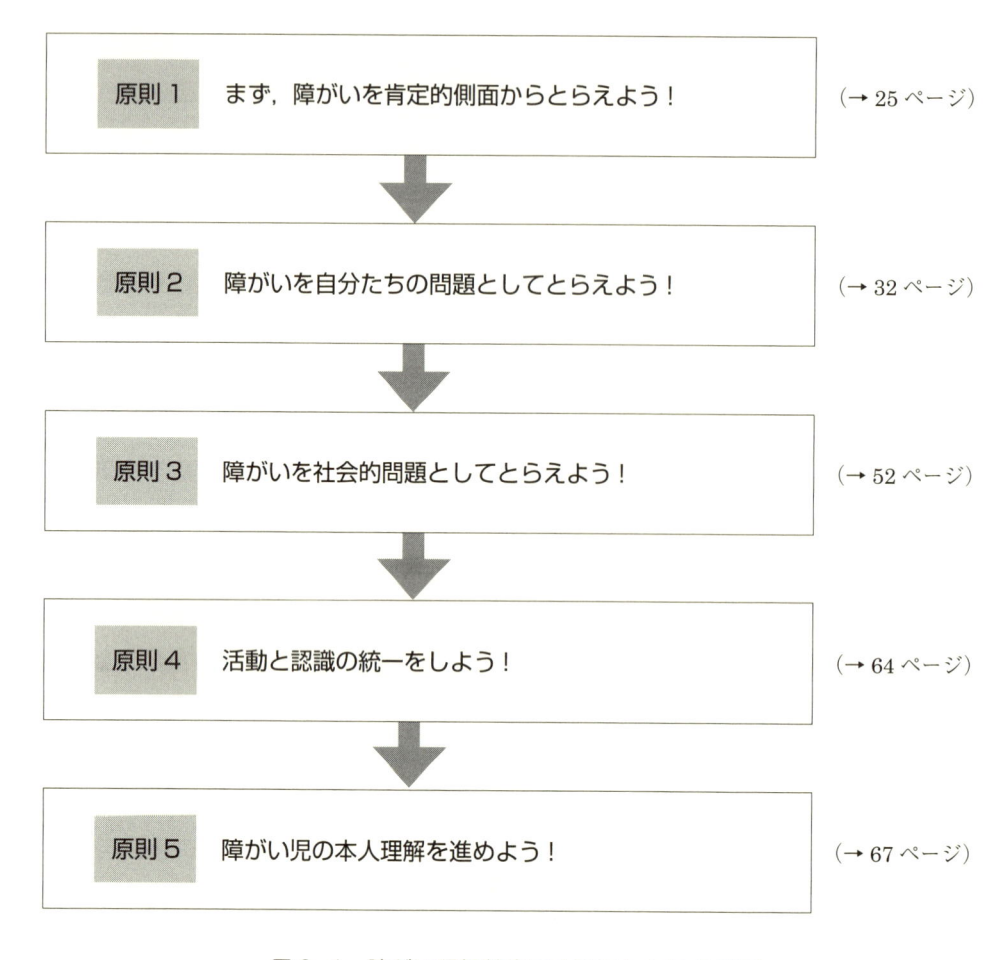

原則1	まず，障がいを肯定的側面からとらえよう！	（→ 25 ページ）
原則2	障がいを自分たちの問題としてとらえよう！	（→ 32 ページ）
原則3	障がいを社会的問題としてとらえよう！	（→ 52 ページ）
原則4	活動と認識の統一をしよう！	（→ 64 ページ）
原則5	障がい児の本人理解を進めよう！	（→ 67 ページ）

図3-1　障がい理解教育で大切にしたい5原則

もそも最新の障がい理解は，医学的障がいよりも社会的障がいのとらえ方や特別なニーズの把握を重視しており，このようなとらえ方と矛盾しないかなど，多くの問題が残されているからです。

　このB小学校の授業では，障がいの原因について説明する際に，人間の誕生についてふれ，性教育のような話をした後，生まれる前・生まれるとき・生まれた後の各々の時期に，どのような原因で障がいのある子どもが生まれるかという説明がなされていました。こういった内容で，25分ほどの時間が費やされましたので，一部の児童からは「障がいってこわいものだね」という発言もみられました。そして，このような障がいの原因について話をした後に，特殊学級（現特別支援学級）の児童を紹介し，とくに肢体不自由のA君の保護者が撮られたビオデを見せなが

ら，A君の障がいについて詳しい説明がなされていました。

　このような一連の授業内容をみると，この授業がむしろ，児童に障がいに対してマイナスのイメージを印象づけていることがわかります。そもそも障がいの原因論を取り上げること自体が難しいのですが，このように具体的に自分たちの学校の仲間であるはずの障がいのある児童の「医学的障がい」が強調されることにより，よりいっそう「かわいそうな存在」「助けてあげる・してあげる存在」というとらえ方がなされる可能性があるのです。障がいの現実を直視するという考え方を否定するものではありませんが，その前に伝えなければならないことがあるはずです。児童の生活年齢や「仲間としての意識」の発展段階をふまえないと，表面的な理解やマイナス面を強調した理解を生むことにもなりかねません。

　さらに，この授業では，授業構成の問題点もみられました。性教育ではないのですから，そのような内容に25分もとる必要がありませんし，障がいの原因論に進むのではなく，すべての生命の誕生のすばらしさを指摘することで十分なはずです。すべての命のかけがえのなさを押さえて，特殊学級の児童の状況を説明すれば，原因論にこだわった授業とはまったく異なったイメージで理解が進められていくことになります。これこそが，障がいに対するマイナスのイメージからプラスイメージへのとらえ方の転換なのです。

b 「発達及び発達段階」の説明ポイントは「総合性」「可逆性」「共同性」

　別の例もみてみましょう。C小学校の3年生のクラスでは，障がい理解教育の内容として，「発達及び発達段階」についての説明がなされていました（図3-2）。

　人間は，1歳6カ月で，歩行・言語・道具の使用等の人間の基礎的な力を獲得することを説明し，3歳，7歳，9歳と発達年齢を順に位置づけながら，自分たち3年生の発達像について示していました。その後に教師が話したことは，「みなさんには，3年生の発達の課題があります。それに対して，特殊学級の児童は，1歳6カ月，3歳の発達段階に位置づいていて，みなさんと異なった課題に取り組んでいます」というものでした。

　このような「発達及び発達段階」と結びつけた障がい理解教育もよく行われていますが，この内容の問題点をしっかりと押さえておく必要があります。このようなとらえ方は，発達段階を比較する視点が入り，価値の序列化がなされてしまうのです。知識を得させることに関心がいくあまり，大切な視点が後退し，児童の生活年

1. 詳しい発達段階図を示す ＜比較してしまう！＞

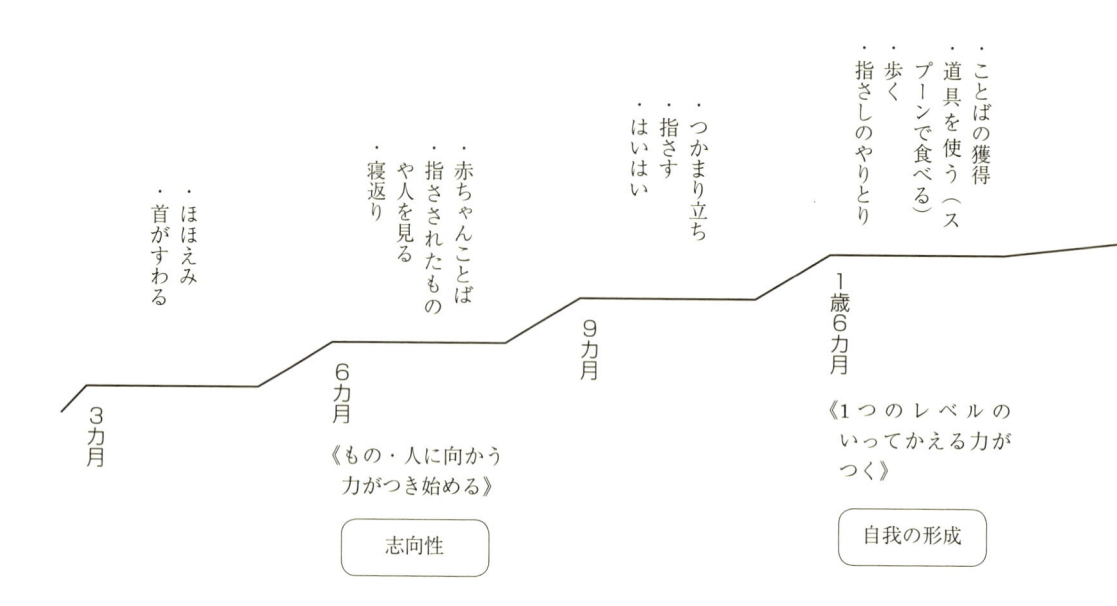

- ほほえみ
- 首がすわる

3カ月

- 赤ちゃんことば
- 指さされたものや人を見る
- 寝返り

6カ月
《もの・人に向かう力がつき始める》

志向性

- つかまり立ち
- 指さす
- はいはい

9カ月

- ことばの獲得
- 道具を使う（スプーンで食べる）
- 歩く
- 指さしのやりとり

1歳6カ月
《1つのレベルのいってかえる力がつく》

自我の形成

2. 部分の発達段階図を示す ＜発達の本質を知る！＞

・障がいのあるA君

- 友だちと遊べる
- 人が描ける
- ケンケンができる
- 自己主張が強い

3歳

・3年生のクラス

- 自分や友だちを評価
- ルールを理解し、意見を言う
- クラスみんなで問題を見つける
- 仲良し集団
- 抽象的に考える

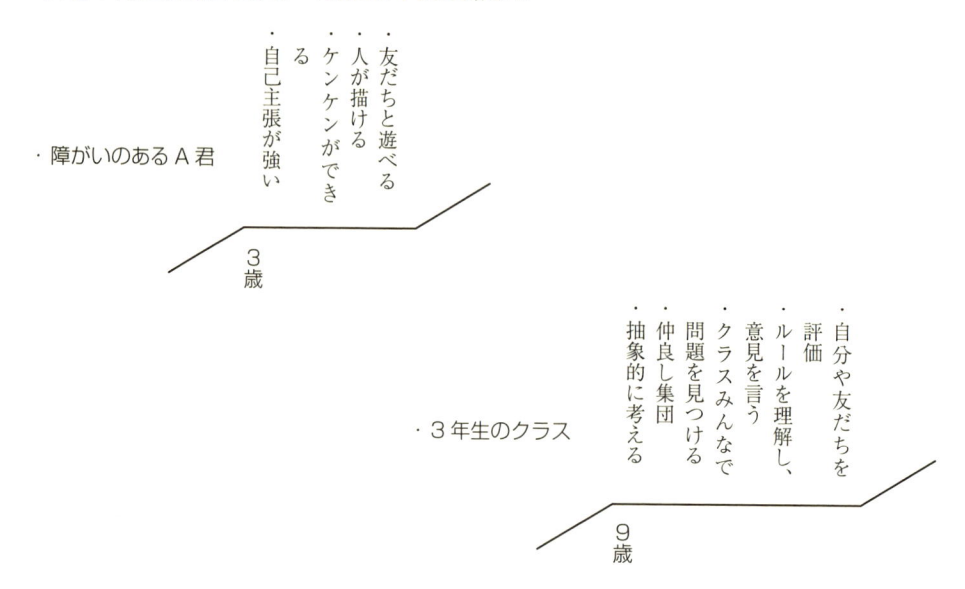

9歳

図3-2 発達段階のとらえ方

（発達段階図）

3歳
・自己主張が強い
・ケンケンができる
・人が描ける
・友だちと遊べる

《2つのレベルのいってかえる力がつく》

社会的自我の形成

6歳
・みんなの話を聞く
・具体的に考える
・身近なことを知る
・書きことばで示す
・ルールを決めて遊べる

《3つのレベルのいってかえる力がつく》

9歳
・ルールを理解し、意見を言う
・クラスみんなで問題を見つける
・仲良し集団
・抽象的に考える

12歳 第二次性徴：身長・体重が大きく変化
・計画して話しあう
・クラス全体で解決方法を考える

◎みんな，壁（広い意味の障がい）を乗り越えて成長している
　→「壁があるって成長にとって大切なんだ！」

◎壁を乗り越え，がんばることが大切である
　→「どれだけできただけでなく，がんばる姿勢を大切にしよう！」

◎壁を乗り越えるとき，「仲間」の支えが大切である
　→「仲間がいたから，乗り越えられるよ！」

◎とび箱，逆上がり，計画，クラスの協力等，具体的な課題を取り上げ，壁を乗り越える意味を考える
　→「自分たちもそうだ！」

◎自分や友だちの得意なもの，苦手なものを知る
　→「A君はこんなことが得意なんだ！」

第3章　課題と5つの原則

齢も考慮せずに障がい理解教育がなされるとき，教師が意図しなくとも，児童は誤った価値観を有してしまうことがあります。これは，評価でいえば，絶対評価でなく相対評価の視点ですが，障がいのある児童には絶対評価の視点が必要であり，「比べるのではなく，各々のがんばりを認める」という絶対評価の視点の意義を障がいのない児童に伝えることこそが，障がい理解教育においては重要なのです。

この発達理解で取り上げるべき点は，障がいのあるなしにかかわらず，すべての児童が発達における矛盾（壁，課題）を乗り越える共通性を有していることにあります。発達段階について序列的に細かく説明するのではなく，認知面・情緒面・行動面を含めて人格全体としてとらえる人間発達の「総合性」，知識を得ることも感情を豊かにすることも行きつ戻りつの作用が大切であるという「可逆性」，仲間と学びあい助けあうことにより発達の壁を乗り越えることができるという「共同性」にポイントを置いて説明することにより，障がいをプラス面，さらに自分たちの問題としてもとらえることが可能になるのです（図3-2参照）。

c 障がいのプラスイメージへの転換

障がいのプラスイメージへの転換は，障がい理解教育の大きなポイントであると私はとらえていますが，ただ，ことばだけでとってつけたようなプラス面を児童に強調しても，真の意味の障がい理解をはかることはやはり難しいといえます。たとえば，AD/HD児（注意欠陥／多動性障がい児）等の発達障がい児においては，自己肯定感を育むことが重要視されていますが，無理に評価場面を設定すると，「なぜその児童だけほめられるの？」と逆にその児童と他の児童の関係を悪化させることもあります。

発達障がい児のがんばりが正当に評価される場面を設定するためには，通級の指導や特別支援学級との密接なつながりが求められます。何より障がいのある児童に得意なものを培う取り組みが前提として必要であり，そのためにも「シンプル（明快さ）」「ビジュアル（視覚化）」「フレキシブル（自由度）」「シェア（共有性）」といったユニバーサルな授業の追求や，通級の指導および特別支援学級といった集団の取り組みの充実が必要となるのです。後に紹介するユニバーサルスポーツのBOCCIA（ボッチャ）の授業実践も，このような諸点がふまえられており，児童の感想をみればプラスイメージへの転換がはかられています（第4章参照）。多くの学校にみられる「障がいのない児童生徒が障がいのある児童生徒を手助けする」とい

う発想を崩すためにも，障がいのある児童生徒が活躍する場やリーダーシップをとる場を意図的に設定することは意義があります。

たとえば，高等学校の普通科の生徒と特別支援学校の高等部の生徒との「交流及び共同学習」で，高等学校の生徒がほとんどやったことのない作業学習を共同の活動として取り上げ，日常的に知識・技能を身につけている特別支援学校の生徒がリーダーシップをとる場面を設定します。一方的に教える――教えられる存在から，コペルニクス的に関係性を変えていくことで，価値観の逆転状況をつくり上げるのです。そのようななかでも，特別支援学校の生徒への正しい評価がなされず，関係が悪化する状況が生まれるのであれば，その事態を取り上げ，障がい理解の視点（障がいのプラスの側面，社会的障がい等）をしっかりと伝えて理解を深めていく必要があります。

環境教育で注目される静岡県の田方農業高校には，沼津特別支援学校伊豆分校（高等部）が設置され，「ユニバーサル園芸」（視覚化したわかりやすい素材・内容による園芸）による共同の授業が行われています。現在は，田方農業高校の生徒が学習した専門的知識を，共同学習のなかで伝えることに主眼が置かれていますが，この取り組みも逆の展開が考えられます。沼津特別支援学校伊豆分校の生徒が知識・技能を身につけていけば，3回生になり，逆に田方農業高校の新入生に対して伝える側にまわることもできます。このように，われわれが一方的につくり上げている「障がいのない生徒から障がいのある生徒への支援」という価値観の逆転状況をつくり上げることにより，真の学びあいが生まれると考えます。

同じく静岡県で「ユニバーサル園芸」に取り組む京丸園という企業では，実際にそのような関係が築かれ，長年，働いてきた知的障がい者が信頼を得て，パート採用の人に対して教える側にまわることもあるということでした。このように，障がいの有無にかかわらず，伝えあい学びあう関係をつくり上げるためにも，まず障がいのプラスイメージへの転換が求められているといえるでしょう。

このような課題と原則をふまえ，表3-1のような指導計画を提起しておきます。

表3-1 指導計画

単 元 名：「共同で窯業（鳩笛）の作業学習を行う」
対　　象：高等学校普通科の生徒と高等特別支援学校の生徒
単元目標：・障がいのない生徒が障がいのある生徒を一面的に支援するというとらえ方を変えさせる。
　　　　　・障がいのある生徒の得意な作業学習を取り上げることにより，障がいのある生徒のリーダーシップを促す。
　　　　　・グループやペアリングにより，活動に取り組むなかから，共同の意味をとらえる。
授業計画：①グルーピングを示し，グループに分かれる。
　　　　　　（模造紙に書かれたものを事前に用意しておき，高等特別支援学校の代表の生徒が提示する）
　　　　　②作業内容と目標を把握する。
　　　　　　（高等特別支援学校の代表の生徒が説明する）
　　　　　③各グループで，道具を準備し，作業の流れを把握する。
　　　　　④粘土をこねる。
　　　　　⑤型はめ，型ぬき，つなぎ，角度に注意した穴あけの諸活動
　　　　　　流れ作業で，協力して行う。
　　　　　⑥各グループ成果を報告し，課題を述べる。

2　障がいを他人事としてとらえる問題
➡ 原則2「障がいを自分たちの問題としてとらえよう！」

　現在の障がい理解教育の大きな問題点に，障がいを自分たちの問題としてとらえきれていないことがあります。ほとんどの学校で行われているのが，障がいあるいは障がい者を対象としてみる授業です。このような取り組みでは，真の障がい理解を培うことはできません。

a　仲間とともに壁を乗り越える姿勢を身につける

　「障がいを自分たちの問題としてとらえる」という授業の1つに，表3-2-bに示す「みんなちがって，みんないい」という授業実践があります。これは，自分や仲間たちの長所と短所をとらえさせるなかから，障がいのある子どもを含めすべての子どもたちの多様性，よさに気づかせていくものです。この取り組みも比較的多くの学校で取り上げられていますが，障がい理解とのつなぎが必ずしも上手くいっていないケースもあります。

　そのような場合，障がいの広義のとらえ方——すべての人の成長に壁が必要というとらえ方——の認識が重要になると考えています。それは，すでに指摘しました発達問題との関連づけです。このように障がいを広義の意味でとらえ直すとき，児童生徒たちは自分たちの問題として意識することができます。そのうえで，狭義の意味の説明へと進めていくのです。障がいのある児童生徒が，広義の障がい（壁）を乗り越えようとするとき，狭義の個々人がかかえる障がいが加わり，より大きな壁となるのです。それを乗り越えるためには，本人の努力と周囲の支援が必要です。そして，この壁を乗り越えたとき，障がいのある児童生徒も周囲の人たちも大きな成長を遂げていきます。壁が大きければ大きいほど，乗り越える意義や喜びも大きいのです。人間にとって重要なのは，周囲の仲間たちとともに各々の壁を乗り越えようとする姿勢なのです。

　このように，障がいを自分たちの問題としてとらえるための典型的な教材を集積していくことが求められています。次節で示す障がいを社会的問題としてとらえる課題も，この自分たちの問題としてとらえることと密接につながっています。たとえば，障がいのある人の問題としてとらえるだけでなく，高齢者や妊婦等にとっても利用しやすい設備や物の開発，社会整備等は，ユニバーサルデザインのとらえ方としてさまざまな取り組みが展開されています。また，後に詳述するICF（国際生活機能分類〔新国際障害分類〕）においても，人間は誰もが老化し，人生のいずれかで必ず障がいをかかえることが示されています（本章3節c参照）。障がい者の多くは，その人生の早期の段階で障がいをかかえていますが，人生の途上で誰もが必ず障がいをかかえる意味で，「自分たちの問題」としてとらえる視点が提起されているのです。真の意味で自分たちの問題としてとらえるためにも，障がいを社会的障がいとしてとらえる必要があります。

　このような課題と原則をふまえ，表3-2-aのような指導計画を提起しておきます。

表 3-2-a　指導計画 1

単 元 名：「障害って何？」
対　　象：小学校 6 年生の児童
単元目標：・障害のことばを構成する「障」「害」が使用されていることばをあげ，障害について率直にイメージを述べ，その用語に示される問題点をとらえる。
　　　　　・障がいのことばの変化や国際的なとらえ方について知る。
　　　　　・障がいの広義の意味について考える。
授業計画：①「障害」ということばからイメージすることはどんなものか，どんな感じがするか押さえる。
　　　　　・邪魔なもの，障害物，障害者，病気など，ほとんどがマイナスイメージでとらえられていることを押さえる。
　　　　　②障がいのある人の取り組みにおいて，「障害」の用語使用がさまざまで，変化しつつあることを押さえる。
　　　　　・公的機関で，「障がい」という表現に変わったり（たとえば大阪府のホームページの紹介），障碍という用語も用いられていることを押さえる（用いられている文章や本の例示）。
　　　　　・アメリカでは障がい者のことを"challenged people"と呼ぶこともある。なぜこのように呼ばれるかについて考える。
　　　　　③「障害」を他のことばに言い換えるとどのようものがあるか押さえる。
　　　　　・例として，一般的に「障害を乗り越える」という表現が使われている文章を紹介し，その意味することについて考える。
　　　　　・壁，難しいこと，課題などの広義の意味があり，自分たちにもかかわることを押さえる。
　　　　　④自分にとって具体的にどのような「障がい」があるか（これまであったか）考える。
　　　　　　漢字が覚えられない，泳げない，思ったことがうまく伝えられないなど，学習面，行動面，身体面，人間関係などさまざまな視点で考えるようにする。
　　　　　⑤その「障がい」に対してどうしてきたか，どうしていきたいかについて，グループやクラス全体で考える。
　　　　　　練習して乗り越えた，助けてもらう，教えてもらう，そのままに置いておく，目標にして努力するなど。

・とくに，障がいを乗り越えるために，何が大切かについて考えさせる。友だちの支え，ニーズの把握等。
⑥広義の障がいを乗り越える意義について考える。
・人間の成長の条件（発達の段階図で，壁を示し，乗り越えたときに大きく成長することをとらえさせる）。
・人間の成長の多面性（発達の段階図で，頭，心，体の総合的な成長の必要性をとらえさせる）。
・人間の成長における集団（友だち・先生）の存在の意義（発達の段階図で，1人の力でなく，友だち・先生の支えが必要なことをとらえさせる）。
⑦障がいのある友だちも，同じように広義の障がいを乗り越えていく必要があることについて考える。
・狭義の障がいのためにより壁が大きくなること，友だちや先生の支えが重要であること，壁を乗り越えることに大きな意義があることをとらえさせる。
・すべての人間にとって，壁を乗り越えようとすることが重要で，大きな壁であればあるほど，それに挑戦し，乗り越えていくことは意義があり，人と比較するものではないことをとらえさせる。

表3-2-b　指導計画2

単　元　名：「みんなちがって，みんないい」
対　　　象：小学校4年生の児童
単 元 目 標：・自分と友だちの同じところ・ちがうところについて考える。
　　　　　　・友だちと自分の素敵なところを見つける。
授 業 計 画：①自己紹介カードにそれぞれの「とくいなこと・いいところ」と「にがてなこと・なおしたいところ」を事前に書いて集めておく。
　　　　　　②『これから1班から順に，班のなかの誰かのシートを読み上げます。シートの最後まで読み上げたら，他の班はそれぞれ誰だか当ててみよう！(各班1人ずつ)』
　　　　　　③同様のことを班のなかでも行う。
　　　　　　④やってみて気づいたこと・感じたことを全体に発表し，人それぞれに「とくいなこと・いいところ」「にがてなこと・なおしたいところ」があり，いろいろちがうことが発見できたかを確認する。

⑤特別支援学級在籍でクラスに入り込んでいる児童についてのシートを読み上げ，得意なこと，苦手なことを知る。
⑥友だちの苦手なことに対して，自分はどんなことができそうかについても考える。
⑦振り返りカードに記入する。

表3-2-c　指導計画3

単 元 名：「レッツ・サイコロトーキング」
対　　象：小学校4年生の児童
単元目標：・新しい友だち関係もできつつあるが，まだ互いに知らないことも多い。友だち同士が自分の考えや経験を話しあい，聞きあい，楽しく会話をしながら互いを理解しあう。
　　　　　・友だち一人ひとりを見つめ，認めあい，自分との共通点を発見することにより，クラス全体のまとまりを高める。
　　　　　・学習室に在籍している3名の児童が学習室で学習している様子をビデオで紹介する。
授業計画：①クラス全員が半円形に座り，そのなかの1人が中央でさいころをふる。
　　　　　②それぞれの話が終わったら，聞き手は拍手を送る。
　　　　　・ワークシートには6つの項目がある。
　　　　　　(1)うれしかった話，(2)今，がんばっていること，(3)好きな食べ物，(4)よく見るテレビや好きなキャラクター，(5)好きな季節，(6)知らせたい話のなかの1つをさいころで決め，話す。
　　　　　③授業の終わりに，とても心に残った話を発表させ，シェアリングする。
　　　　　④次時の予告（ちがう項目を班で発表しあう）。

表3-2-d　指導計画4

単 元 名：「ゆっくりゆっくり」
対　　象：小学校5年生の児童
単元目標：・"みんなちがって，みんないい"と，お互いを大切にするということについて考える機会にする。
　　　　　・ちがうからこそお互いに補いあえるすばらしさ・楽しさがある一方で，いろいろな人との生活は大変なこともある。そこから生まれる大きな喜びにつながる可能性があることに気づく。
　　　　　・紙芝居「ゆっくり　ゆっくり」を読み聞かせることで，いろいろなあゆみのよさを見直すなかから，友だち（障がいのある人）のあゆみや生き方への理解を深める。
　　　　　・紙芝居「ゆっくり　ゆっくり」の主人公である1年生の児童Aについて理解する。
　　　　　・高学年になり，まわりに合わせて"ゆっくりしてあげること"が増えていることに気づき，集団登校に視点をおいて考える。
授業計画：①あなたはどっち派？〔アウトドア派・室内派，暑がり・寒がり〕
　　　　　②〔はやく・ゆっくり〕ではどちらのタイプかなあ？　それぞれのメリットを考える。
　　　　　③紙芝居「ゆっくり　ゆっくり」の紹介。
　　　　　④学習室在籍の児童（集団登校時に課題があり，5年生の班長・副班長の理解が必要）の紹介。
　　　　　⑤マカトン（サイン言語を使用した言語指導法）の紹介。
　　　　　⑥いろいろな人がいることでのメリットを考える。
　　　　　⑦いろいろな人がいることでのデメリットも話しあう。いろいろな途中経過と成し遂げられたときのことを考える。
　　　　　⑧自分が早くできること，早くしたくてもまわりに合わせたほうがいいことがあることを話し，集団登校での自分を振り返る。
　　　　　⑨感想を書く。

b　授業への取り組み

2007年度には，特別専攻科学生（現職教諭）としてゼミに所属した西本教諭により，LD（学習障がい）児が在籍しているD小学校（現在の勤務校ではない学校）の5年生に対して障がい理解教育の授業実践が行われました。

その内容は，以下のようなものです。

(1)　単元設定の理由

　1）児童観

本学級は，授業中と休み時間のけじめがつき，総じて授業に集中できている落ち着いた雰囲気のクラスです。何事にも素直で真面目に取り組むことができること，マイナスの発言が少なく，物事をプラスの方向にもっていこうとすること，活動に意欲的に取り組めることが多いこと，一部ではあるが，発言をつなげることができること，協力しようという気持ちが感じられます。生活面では，比較的男女の仲がよく，友だち同士お互いに協力しようとする姿勢もみられます。

しかし，自主的という面では弱く，発表等についても自主的に話せるのは一部で，友だち任せの子が多いのです。一人ひとりは素直ですが，数人になるとつられて人を傷つける行動をとることがあります。また，授業中の話を聞くべきときに，手に鉛筆を持って手遊びしている児童や，聞く時間が長くなると，姿勢がくずれてくる児童など集中力を持続するのが難しい児童も数人います。

学級のなかには，特別な支援を必要とする児童が2名在籍しています。1名はまわりの状況や相手の話を理解しにくい傾向があり，もう1名は書くことに抵抗感があってLDと診断されています。他にも，不安や心配が強い児童，偏食があり給食が苦手でプレッシャーを感じやすい児童，友だち関係で気持ちが落ち込みやすい児童，相手の表情を読むことが苦手で友だち関係のトラブルが多い児童等，配慮が必要な児童が数名見受けられます。このような状況のなかで，学習への取り組みが難しい児童と他児とのあいだで言いあいになったときには，「お前に言われたくない」と，相手を自分より"できない子"という目で見ている発言がありました。

そこで，学年目標は，①聞き手を意識してわかりやすく，豊かに話すことができる，②勇気をもって自主的に話す・行動する・かかわる，③自立させるとともに，クラス・学年で力を合わせる喜びを体験させる，④より高い目標をもち，自分の力で挑戦し，やり遂げる，⑤すすんで自分の思いや考えを豊かに表現する，⑥相手の思いや言動を考え，温かい心で行動できる，となっていました。

1学期の様子では，⑥について，「算数や家庭科で苦手な友だちに教えたり，バレーボールやリレーで友だちのがんばりを見つけ，応援したり，教えたりする場面がみられた」「自然学校のグループを決めるとき，多くの子どもが今まであまりかかわりのない子とグループをつくろうと意識し，行動できていた」というプラスの評価が出ていましたが，「冗談がその場の雰囲気に流され，友だちを傷つける言動をしてしまう。一部の女子は特定の友だちとしか遊ぶことができない」という面も指摘されました。その点について，2学期の取り組み課題として，「判断力や価値観を育て，どの子も認められる温かいクラス」をつくることがあげられましたが，まず一人ひとりの特性をお互いに認めあう心を培うことが必要であると考えられます。

　　2） 教材観

　以上のように，配慮の必要な児童は，どの子も精神的に不安定な部分をかかえ，友だち関係での課題があげられます。

　特別なニーズのある子がいるからこそ，表面的な関係性からお互いを心から理解しあえる関係性へと発展させるために，自分と同じように友だちにも得意・不得意があり，学習面だけではなく，いろいろな面から相手を認めていくことの大切さを考える「みんなちがって，みんないい」という主題を設定しました。すでに3年生の国語の時間に，詩「私と小鳥と鈴と」で「みんなちがって，みんないい」という詩に込められた思いを学習していましたので，その思いを再認識させようとしました。そして，この詩をふまえながら，まず自分の得意・不得意を考え，さらに友だちの得意なことをあげていくことで，一人ひとりの特性をお互いに認めあうことをめざします。

　自分のよさを友だちからも言ってもらい，これまで気づかなかった友だちの新たな面を発見するとともに，みんなに認められるうれしさを体験する機会を設定することは，この主題に迫る活動であると考えられます。

(2) 単元全体の構想

第1次：「私と小鳥と鈴と」の詩を手がかりに，自分の得意，不得意を考える（1時間）
　　　まず詩の気に入ったところを発表し，とくに「みんなちがって，みんないい」という内容について，意見を出させたい。それをふまえ，自分たちのこ

とに引き寄せて，詩の形式にならって自分の得意・不得意を書いていくようにする。最初に教師が例を示し，抽象的な内容ではなく，具体的な内容になるようにしたい。

第2次：友だちのよいところを出しあい，お互いを認めあう（2時間）
　　　第2次では，各自が書いた内容をプリントにしたものを示し，それを見ながらいいなと思うところをたくさん見つけさせ，友だちの新たな面に目を向けるとともにお互いを認めあう雰囲気をつくる。さらに班の児童について得意なことをカードに書いて渡し，それを発表して，どの友だちにもよいところがあることを再認識させたい。また，班の児童以外でも，よく知っている児童については，さらにいろいろな得意がわかるよう，発表をさせたい。それぞれの発表を聞いた後，聞くだけに終わらず，感想を言いあって発表をみんなのものにし，誰にも「すごいな」と思えるところがあり，誰もがかけがえのない存在であることを感じさせたい。

(3) **授業計画**

単 元 名：「みんなちがって，みんないい」
日　　時：9月27日（木）5時間目，10月4日（木）3・4時間目
対　　象：5年1組の児童
指 導 者：西本章江
目　　標：自分と友だちのことを見つめ直し，お互いの違いを認めあって理解を深める。

1) 第1次の授業計画

ねらい：・詩に込められた思いを自分にあてはめ，自分の得意・不得意を具体的に再認識する。

展　開：

児童の学習活動	目標行動	指導者の支援と留意事項
1.詩「私と小鳥と鈴と」を読んで，いいなと思うところを発表する。	「みんなちがって，みんないい」というところについて，自分なりの意見が言える。	・活動に集中して主体的に取り組めるように，最初にどの児童も参加しやすい列ごとの群読を取り入れる。

			・いいなと思う部分に線を入れ，なぜいいと思うのかを発表メモに書いてから発表させる。 ・机間巡視し，考えをまとめるのが難しい児童には，個別に助言して，発表を促す。 ・「みんないい」の何がいいのかというところがわかっているか，確認する。
	2. 自分の得意なところ，不得意なところをプリントに記入する。 ＜教師の例＞ ①「友だちといい関係を続けていくのが不得意だが，友だちをつくるのは得意」 ②「国語で登場人物の気持ちを考えるのが不得意だが，人前で発表するのは得意」 ③「野球やドッヂボールで，ボールを落とさず受けることが不得意だが，サッカーやバスケットボールで，ボールをドリブルすることは得意」 ④「歴史の年代を覚えることが不得意だが，裏話を覚えるのは得意」 ⑤「部屋のなかを片づけるのが不得意だが，洗濯物のしわを伸ばして干すことは得意」	自分のよいところを再確認する。	・具体的に書いていくよう，教師を例にあげて示す。 ・好き，嫌いを書くのではなく，よくできること，できにくいことという観点で書くように説明を加える。 ・日常生活全般で考えさせる。 ・机間巡視しながら，具体的な内容が書けているかチェックする。 ・「私は，〜が不得意だけれど，〜が得意」というふうに，自分の不得意な面を書くが，得意な面で肯定的に自分をとらえられる文になるようにする。 ・各自にカードを渡して，書く意欲を高め，できるだけ3つ書くように促す。

2) 第2次の授業計画

ねらい：・自分や友だちの得意・不得意を知り，お互いを認めあう気持ちを培う。

	児童の学習活動	目標行動	指導者の支援と留意事項
展開：	1. それぞれの得意，不得意が書かれたプリントを見て，思ったことを発表する。	クラスの友だちのよいところを知る。	・プリントを見て，友だちの新たに発見した面，すごいなと思ったこと等を発表するよう促す。 ・特別な支援の必要な児童のことで意見が出たときは，教師も共感し，とくによい面がみんなに認められるように配慮する。 ・不得意な面は，意見が出たら取り上げ，どうしたらうまくいくか，考えるようにする。
	2. 班の友だちの得意をカードに書く。	友だちのよいところを具体的に書く。	・班の友だち全員の得意を具体的に考えさせる。 ・誰が見てもいいところと思えないような内容は書かないよう注意をする。 ・発表を黒板に板書し，後で感想が言いやすいようにする。
	3. 班の友だちにもらったカードのなかから，いちばんみんなに紹介したい内容を発表する。 ・班の友だちだけでなく，付け加えができる友だちについても，発表する。	とくに自分に合った，みんなに知ってほしいものを選んで発表する。 積極的に発表する。	・一定の児童のことに発表が偏りそうなら，いろいろな児童について意見を出すように助言する。
	4. 発表を聞いて，感じたことを発表する。 ・「友だちの得意を考えたり，自分に言ってもらったりしてどうだったか」 ・「友だちのよい面を発見できたか」	自分や友だちの気づかなかった面を発見し，認めあううれしさを実感する。	・それぞれの違いを知りつつ，いい面に目を向け，認めあうことの大切さを感じさせる。 ・「感想まとめシート」に書き込んでから，発表させる。 ・毎日の終わりの会で取り組んでいる「1日のよかったこと発表」のなかに，「友だちのこんなよい面を見つけた」という観点も入れて，発表するようにしていく（発表した個数のビー玉を「ハッピー玉」と名づけて2ℓのペットボトルにためている）。

ワークシート：

自分と友だちのことについて，考えてみよう！

①この詩を読んで，「いいな」と思うところに線を引いて発表しよう。

「私と小鳥と鈴と」　　　金子みすゞ

私が両手をひろげても，
お空はちつとも飛べないが，
飛べる小鳥は私のやうに，
地面(ぢべた)を速(はや)くは走れない。

私がからだをゆすつても，
きれいな音は出ないけど，
あの鳴る鈴は私のやうに，
たくさんな唄は知らないよ。

鈴と，小鳥と，それから私，
みんなちがって，みんないい。

（発表メモ）
なぜ，「いいな」と思ったのでしょうか？

②「私と小鳥と鈴と」に習って，自分の得意・不得意について，書き出してみよう。
・「自分を再発見」のプリントに書きます。できるだけ，3つ書こう。
・「すき」「きらい」ではなく，「こんなことが苦手だが，こんなことはできる」というように具体的に書きます。
・内容は，勉強，スポーツ，友だち関係，係活動，遊び，手伝いなど生活全体でさがしてみよう。
（例）①「野球やドッジボールで，ボールを落とさず受けることが不得意だが，サッカーやバスケットボールで，ボールをドリブルすることは得意」
　　　②「歴史の年代を覚えることが不得意だが，裏話を覚える

第3章　課題と5つの原則

のは得意」
③「部屋のなかを片づけるのは不得意だが，洗濯物のしわを伸ばして干すことは得意」

自分を再発見！

氏名（　　　　　　　　　　）

① （　　　　　　　　　　　　　　　　　　　）が不得意だが，
　 （　　　　　　　　　　　　　　　　　　　）は得意だ。

② （　　　　　　　　　　　　　　　　　　　）が不得意だが，
　 （　　　　　　　　　　　　　　　　　　　）は得意だ。

③ （　　　　　　　　　　　　　　　　　　　）が不得意だが，
　 （　　　　　　　　　　　　　　　　　　　）は得意だ。

＿＿＿＿＿＿＿＿＿＿＿は，
（　　　　　　　　　　　　　　　　）が得意ですね！

感じたことをまとめてみよう！

氏名（　　　　　　　　　　）

①友だちの得意・不得意を知ってどう思いましたか？

②友だちの得意を考えたり，自分に言ってもらったりしてどうでしたか？

③自分と友だちのことについて，気づいたこと，感じたことを書こう！

　私も加わった各授業局面の記録・分析，総合的質的分析をもとに，指導案に修正が加えられました。
　＜修正点＞
①障がいを自分たちの問題としてとらえるために
　単元の構成は，「ちがいを知ったうえで，得意に目を向け，お互いを認めあう」「不得意をどう乗り越えていくか」「社会的障がいから障がいをとらえる」という３つの視点について，自分たちの問題としてとらえられる展開にする。不得意から社会的障がいまでの内容は，関連づけてとらえられるよう，途中で休憩をはさんだ２時間続きの授業とする。
②授業をスムーズに展開するために
　得意・不得意は，前もって具体的に書かせておき，プリントにまとめたものを見て話しあいがすぐ始められるようにする。
③わかりやすい授業にするために
　不得意については，友だちのニーズを把握し，友だちから実際にアドバイスを書いてもらう展開とし，それについて発表を聞くだけでなく，ロールプレイで友だちからのアドバイスをセリフや身振りで示し，視覚的にとらえられるようにし，状況をイメージして実感しやすいようにする。
④障がいを社会的問題としてとらえるために
　発達障がいのある教師の例を資料として取り上げ，日々の学校生活を工夫して過ごしていることに目を向けるとともに，環境によって障がいを障がいと感じ

る状況が生まれることにふれ,「社会的障がい」という視点で障がいをとらえていく必要があることに気づかせる。

⑤仲間とともに壁を乗り越える姿勢に気づくために
・「気づいたこと」「感想」など自分の考えはもちろん,「友だちの意見につけ加えて」「友だちの意見を聞いて考えたこと」などの意見を出し,お互いを関係づけて深めていく発問をしていく。授業者は丁寧に評価のことばもかけて,クラス全員で考えや思いが共有できるようにする。
・話しあい活動をスムーズにするために,ワークシートに書く活動を行った後,発表する時間をしっかり確保する。

(4) 修正指導案

単 元 名:「みんなちがって,みんないい」
目　　標:・得意に目を向け,お互いを認めあう気持ちを培う。
　　　　　・不得意を乗り越えるには,どんなことが必要か考え,社会的障がいという概念を知る。

---

1) 第1次の授業計画の修正案

ねらい:・自分や友だちの得意に目を向け,お互いを認めあううれしさを実感する。
展　開:

児童の学習活動	目標行動	指導者の支援と留意事項
1. 自分と友だちのことを知る。 ・前もって書いた「得意・不得意」を一覧表にして配り,読んで気づいたことを発表する。	友だちの意外な面,らしい面,自分と同じ面,ちがう面など多角的に得意・不得意をとらえ,友だちのことをさらに知りあう。	・具体的に書けていない児童には,前もって個別に指導して書き直しをさせておく。 ・それぞれの項目について,同じように思う友だちのことをあげさせ,関係づけて紹介していくようにする。
2. 班の友だちの得意を書く。	友だちの得意に目を向ける。	・生活全般のことについて,用意したカードに具体的に書かせる。得意は,よいところという観点で「人に親切にできる」など気持ちの部分も含めて考えさせる。 ・自分の書いたものと友だちに書いてもらったものを集めて,台紙に貼り,見比べさせる。

3.班の友だちの得意を書いたり，得意を書いてもらったりして，感じたことをワークシートに書き，意見交換する。	自分や友だちの気づかなかったよい面を発見し，認めあううれしさを実感する。		・支援を要する児童は，書けていなければ，やりとりしながら書けるように一緒に考える。 ・友だちの得意を書いたときと書いてもらったのを見たときと欄を分けて感想を書かせた後，得意な内容とともに発表させる。 ・友だちの意見と関係させながら，発表していけるように促す。 ・それぞれを知り，よい面に目を向け，認めあうことの大切さを感じさせる。

2) 第2次の授業計画の修正案

ねらい：・不得意について，どんな工夫をしていけばよいかを考える。
　　　　・不得意を乗り越えるために必要なことは何か考え，社会的障がいについて知る。

展開：	児童の学習活動	目標行動	指導者の支援と留意事項
	1.教師の例を聞き，不得意なことについて，工夫していること，以前は不得意だったが，得意になったという経験はないか，自分や友だちのことについて，発表する。 ・どんな方法で？ ・その結果どうなったか？	不得意でできないことも，工夫や人の助けによって，できるようになっていることに気づく。	・教師の不得意の例 ①「電車の時間に間に合わず，着きたい時間に遅れてしまうこと」についての工夫は，「到着予定時間よりも1本早い電車に乗るつもりで用意すること」。その結果，万一遅れても着きたい時間には遅れなくなった。 ②「ごみ出しの日にごみを出しそびれること」についての工夫は，「子どもが学校に行くときに必ず運んでもらうようにすること」。その結果，子どもが行く時間に合わせてごみをまとめるようになり，時間がなくて出しそびれることがなくなった。

2. 班の友だちについて，不得意を乗り越えるための工夫や励ましを1人1つずつ書く。	友だちの不得意について，具体的に工夫や励ましを考える。	・教師の例にならって，発表を促す。 ・友だちが，今かかえている不得意を乗り越えていこうという意欲がもてるように考えさせる。 ・どんな不得意についても，優劣はないので，親身になって考えるように助言する。
3. 各班に1人ずつ不得意の提供者を決め，実際にロールプレイをして，みんなの前で工夫点や励ましのことばかけをし，言われた人は感想を発表する。	実際に友だちに言われたら，どんな気持ちになるか実感する。	・実際にアドバイスをことばで聞いたり，励ますところをみたりして，友だちの感想を自分のものとし，友だちに協力して支えあうことの必要性を実感としてとらえさせる。 ・2時間続きの授業とするが，時間をみて，3の区切りで休憩をとる。
4. 風花さきさんという教師の工夫の話を読む。 ・工夫していることや考えについての感想を発表する。	不得意は，自分の努力だけでなく，まわりの励ましや助けがあって，乗り越えていけることを確かめる。	・AD/HD（注意欠陥／多動性障がい）とアスペルガー障がいのある教師の話を読み，不得意をまわりの助けで，乗り越えていることを押さえる。
・学校の環境面で，困っていることは何か発表する。	まわりの環境によって，障がいを強く意識する場合があることを知る。	・感覚過敏などは，生まれもった障がいであることを知らせ，まわりが理解していく大切さにもふれ，環境を整えることが必要なことに目を向けさせる。
5. 他にも障がいをもった人が，まわりの環境で困ることがないか考える。 ・自転車が道に置いてあって通りにくい等	社会的障がいという見方を知る。	・障がい者の活動をしにくくしているのが，環境要因であることに気づかせる。

ワークシート：

不得意を乗り越えるために

氏名（　　　　　　　　　）

自分の不得意は……

こんなふうに工夫してみては？

氏名	工夫点・励ましのことば

＜資料＞

「こんな工夫をしているよ」
── 風花さきさん（小学校教師）の体験談

①子どもたちには，自分の苦手なことをさらけ出すようにしています。たとえば，黒板を書いている途中にチョークを置いたら，どこにいったかわからなくなってしまうことがあると知らせています。
　その後，チョーク係をもうけました。「一人一役」として，いろいろな役目を子どもたちに割り振るようにしたんです。そうすると子どもが，自分の役目として覚えてくれます。だから，最初は大変でしたけれど，新年度が始まってしばらくたつと，クラスの子どもたちとうまくやっていけるようになりました。それぞれの係を一生懸命やってくれたら「ありがとう」と言いますし，子どもたちも自分の仕事にやりがいを感じ，先生の役に立てると喜んでくれます。「一人一役」は，今は他の先生のあいだにも広がってきています。

そうすると,「今日のお手紙」の配り忘れなども防げるようになりました。それまでは,いつも忘れっぽくて大変だったんです。かつては,学校が終わってから,全員の家にぎょう虫検査セットを届けに行ったこともありました。検査とか問診票とか,そういう大事なものにかぎって,大事にしすぎて,しまい込んでいたのです。

②私がクラスを受け持ったとき,まず子どもたちに話すことがあります。それは,「どんな人にも苦手なことと得意なことがあるよ」ということです。「苦手なことは応援してみんなで助けあおうね。得意なことは,人にどんどん教えてあげよう。苦手なものをちょっとだけがんばってやってみようとしたときに失敗したら悲しいよね。そんなとき,ひどいことばをかけられたらどう？　もうやる気なくなるよね。だから,やる気が起こってがんばれるように励ましてあげようね」と話した後に,自分の苦手なことを話します。

　「先生は,覚えるのが苦手です。すぐ忘れます。たとえば,人の顔を覚えるのが苦手です。だから,始業式の日に名前を書いたカードを持って写真を撮っています。その写真カードをずっと持ち歩いて覚える努力をします。でも,名前と顔がなかなか結びつかないので,もし,忘れたらそのときは教えてね」とか,「光や音がみんなの何倍もいっぺんに入ってきてね,すごく痛くなるんだよ」などと具体的に苦手な部分を話して,初めから助けを求めます。

　そのことで,子どもたちは,先生にだって苦手なことがあるんだと安心するし,私自身がみんなに理解してもらう第一歩にすることもできます。人の話を聞くこと,素直に謝れること,じっとしていることなども「苦手なこと」ととらえ,素直に謝れない子は「すぐ状況を理解して謝ることが苦手な子」ととらえましょう。すると,少しはその子の気持ちに近づけ,優しい気持ちで接することができますよ。

③私は生まれたときから,「みんなより音がとても気になる」という特性をもっています。

　小学校は,そんな私にとってけっして働きやすい環境ではありません。授業中,掃除機や外の草刈り機の音がものすごく気になって,まったく授業ができなくなることがあります。同じように音に敏感な子どもが,「うるさーい!!」と耳を押さえて叫ぶことがあります。私も一緒に叫びたいです。最近困っているのは,防犯ブザーです。子どもたちが持っていますが,よく間違って栓が抜けたりして,突然鳴ります。甲高い音で,ピーピーピーと鳴る音は我慢ができず,授業中でも耳を押さえてしまいます。みなさんは,我慢できるだろうと思うかもしれませんが,私には無理なのです。

　子どもたちのなかにも調子が悪くなる原因として,気温や季節な

　　　　どの環境が関係している子もいると思います。

　①風花さんが，苦手について工夫しているところに，線を引きましょう。

　②あなたは，風花さんの工夫していることや考え方について，どう思いますか？

　　┌─────────────────────┐
　　│　　　　　　　　　　　　　　　　　│
　　│　　　　　　　　　　　　　　　　　│
　　└─────────────────────┘

　③風花さんが，学校の環境面で困っていることは，何ですか？
　　（　　　　　　　　　　）

(5) コメント

　この西本教諭の授業実践は，発達障がいの児童生徒の障がい理解教育に取り組むうえでの大切なポイントが押さえられています。

　このような児童生徒の場合，本人や保護者が障がいについて周囲に知らせてほしくないということが多いのです。また，周囲の児童生徒の理解も難しく，障がいや特別なニーズから入ってしまうと，その子たちを特別な存在にしてしまうこともあります。周囲の児童生徒が自らの問題としてとらえられないとき，真の関係づくりがなされないままに，特別なニーズへの対処・手助けが強調されてしまうことになります。

　この授業では，そういった問題について考慮しており，最初に「みんなちがって，みんないい」という理解から入っているのです。

3 障がいを個人の問題としてとらえる問題
➡ 原則3「障がいを社会的問題としてとらえよう！」

　社会的障がいとしてとらえようとしながら，ともすれば，形式的な理解にとどまっているケースがみられます。

　さまざまな学校で取り上げられる障がい理解教育の授業の題材として，アイマスクや耳をふさぐことによる視覚障がいや聴覚障がいを理解する取り組みがあります。障がいのない児童に視覚障がいや聴覚障がいの状態を体験し，その障がいを理解するというものですが，果たして，このような疑似体験が，真の意味の障がい理解に役立つといえるでしょうか。

　目や耳をふさぐだけでは，逆に，視覚障がいや聴覚障がいの人の一面的なとらえ方を強調し，総合的なとらえ方を阻害してしまうことがあります。部分的にすぎない疑似体験をして，どのような理解が進むのでしょう。困難な状況を示し，「手助けをしてあげる」という意識を形成するのではないでしょうか。

　目の見えない・耳の聞こえないというマイナスの状況を伝えるだけでなく，目が見えない状況だからこそ，触覚など他の感覚器官が鋭敏になり，点字を読み取ることも，白杖による歩行も可能になることを伝える必要があります。何よりも視覚障がい・聴覚障がいの人から，このような取り組み自体に対して批判がなされているのです。

　こういった形式的で表層的な，場合によっては誤った障がい理解教育による問題をしっかりとみていく必要があります。ここで欠けている視点は，「暮らし」「生活」とのつながりです。そのつながりを自分のこととして意識できる取り組みこそが，障がいを社会的問題としてとらえる姿勢を育みます。

a　小学校での取り組み──「さわって楽しむ美術館」

　このような課題をふまえた取り組みに，のちに小学校教諭となったゼミ卒業生の廣瀬と取り組んだ「さわって楽しむ美術館」という，M小学校での授業実践があります。以下が，その指導計画です。

(1) 単元設定の理由
　1）児童観
　対象である4年生には，特別支援学級に籍を置く児童はいないものの，行事でともに活動したり，廊下で会ったときに会話をしたり，特別支援学級を訪れていたりして，学年の異なった特別支援学級児童と積極的にかかわる児童もみられます。その一方で，障がいのある児童に対して話しかけても意味が通じない等，かかわり方に不慣れなために生じていると思われるようなマイナスイメージをいだいている児童もいます。
　この学習の事前活動として，高齢者体験や点字の学習，手話学習，地域の視覚障がい者から話を聞く取り組みを行っているため，高齢者や聴覚障がい者・視覚障がい者への関心は高いといえます。視覚障がいのある人を美術館に招待することを提案した際も，招待するだけでなくプレゼントを渡したいという意見もあがりました。
　しかし，以前に聞いた話の内容が目の見えなくなっていく不安やその不安を家族が支えてくれたこと，自立した生活をするための工夫や包丁を使った実演についてであったために，話を聞いた児童の感想文には，目が見えなくても包丁が使えることへの驚きとともに，「目が見えなくなるのは怖い」「大変そう」「楽しみが少なくてかわいそう」などの声があがっていました。
　2）教材観
　一般の美術館において展示品にふれることは，なかなか許されず，視覚障がい者にとって1つのバリアになっています。そうした事実を児童に伝え，視覚障がい者も楽しめる美術館をつくる意欲を引き出して，視覚障がいへの理解を促します。作品を制作する際には，目隠しした状態でいつも見ているものにさわるだけで何であるかを当てるゲームをしたり，さわり心地を楽しむ時間を設けたりすることにより，視覚以外の感覚を活用する楽しさを発見してから制作活動に移っていきます。これは，見えない世界を楽しむことで視覚障がいがある場合に真っ暗で不安だというイメージを払拭するねらいがあります。
　さらに，でき上がった美術館を目の不自由なゲストと目が見える児童とがともに楽しむなかで，目の不自由な人と同じように美術館を楽しむという共通性を見出す機会とします。その後，その経験を授業で取り上げ，「さわって楽しめる美術館」では視覚障がいを気にすることなく楽しめていたことを学びます。さらに，さまざまな立場の人に汎化させて，誰もが楽しめる美術館を考えることでユニバーサル化

への視点につなげていきます。

3) 指導観

　一般的に障がい理解教育の授業では，障がい者本人から話を聞いたり，アイマスク体験をしたりすることで，障がい者に対して思いやりの気持ちをもたせることを目標にするものが多いといえます。

　しかし，これからの社会では障がいの有無にかかわらず，ともに生きることが求められています。一方的に話を聞くだけでは，聞き手である児童と話し手である視覚障がい者のあいだに心理的距離があり，児童の態度も受け身です。

　目が不自由な人にも楽しんでほしいという意欲を引き出すことで，児童が積極的に活動に取り組めるようにしたい。また，この美術館に置く作品に対する工夫は，指導者が一方的に提示せず，第1次の段階で目隠ししていろいろな物にさわった経験や材料にふれながら感じることで，自由な発想でつくれるようにしたい。そして，目の不自由な人にも美術館を楽しんでもらえたという充実感や，障がいのある人とも一緒に楽しむことのすばらしさを実感してほしいと思います。

(2) 単元の概要

　本単元は，総合的な学習の時間に「レッツボランティア」というボランティア活動をするために，第4学年の児童が美術館制作（「さわって楽しめる美術館」を制作）・手話（手話劇）・シニア（老人福祉施設の訪問）・パピー（保育園への訪問）・清掃（地域の公園を清掃）・寄付金（ベルマークやプルトップを回収し，換金したものを寄付）の5コースに分かれ，自分が興味のあるボランティア活動を選択しています。なお，第1次・第2次においては美術館制作コースの児童を対象に授業を行い，美術館開催と第3次に関しては学年の全児童を対象に授業を行いました。

　この単元では，美術館のユニバーサル化を題材として取り上げました。第1次では，美術館は目の不自由な人がなかなか楽しめる場所が少ないことを児童に伝え，目の不自由な人でも楽しめるような美術館を考えました。第2次では作品を制作し，目の不自由な人やさらにはみんなが楽しめる美術館とはどのようなものであるかを考え，美術館コースの児童が目の不自由な人でも楽しめる美術館を開催しました。そこに，目が不自由な人と他のコースの児童を招待し，第3次では，さわって楽しめる美術館には，どのような目の不自由な人が楽しめる工夫がされていたのかを美術館コースの児童が発表をし，さらにさまざまなニーズのある人とともに美術館をまわるとしたらどのような工夫があるとよいかを考える授業を行いました。

(3) 単元全体の構想

第1次:「指でさわってみよう」(3時間)
　この時間は，目の不自由な人も楽しめる美術館をつくる前段階として，目の不自由な人は美術鑑賞ができるかを考える。通常の美術館では，誰もが自由に作品にさわることはできない。それは，児童のつくった作品を飾る作品展も同様で，晴眼者にとって絵や彫刻などの芸術作品は「見る物」＝「目の不自由な人は楽しめない」というイメージが強いはずである。この固定観念を崩すために，アイマスクの状態で平面的な絵に近づく，ゆずを貼った絵に顔を近づける，さわってみるという活動をとおして，視覚以外の感覚を使って感じることを意識させる。また，3時限目にはペアをつくり，アイマスクをした状態で作品例やさまざまな素材にふれることで，どんな物がどういったさわり心地がするのか，また音やにおいなど，作品を創作するうえでのヒントにしていく。そして，グループをつくり，そのグループごとでどんなコーナーにするか，どんな作品をつくっていくかを決める。

第2次:「美術館をつくろう」(9時間)
　ここでは，作品をつくるなかで目の不自由な人のために，目が見えなくても楽しめる作品の工夫を具体的に考えるのがねらいである。また，美術館内を案内することや題名の点訳などは，街で視覚障がい者と出会ったときや児童の今後のボランティア活動にも活かせる技術である。
　用意された材料から，さわって心地よいものや音の出る工夫のあるものなど，児童ならではの発想で，思い思いに目の不自由な人も4年生のみんなも楽しめる作品をつくっていく。美術館は，2コーナーに分けて，グループごとにコーナーを自分たちで構成していく。また，制作時間のうち1時間は作品の題名を点字で打ち，ネームプレートにつけた。さらに，もう1時間とり，来客者を手引きして案内するために，ペアとなり交代でアイマスクをつけて実際に美術館をまわり，作品を紹介しあって手引きの練習をする時間にあてた。

　　　　:「美術館に招待しよう！」(2時間)
　また，美術館コース以外の4年生児童も一緒に招待することで，他のコースの児童も目の不自由な人と一緒に美術館を楽しめる時間にする。美術館コースの児童は，目の不自由なゲストとアイマスクをつけた他のコースの児童を手引きしながら案内する。

第3章　課題と5つの原則

> 第3次（本時）：「みんなが楽しめる美術館とは？」（2時間）
> 　1時間目は，美術館コースの児童が美術館をつくるうえで，目の不自由な人にどういった点を工夫したのかを発表し，他のコースの児童が美術館を鑑賞した感想を発表する。これは，美術館コース以外の児童がこの美術館は目の不自由な人のためにつくられていたことや美術館コースの児童の工夫の成果を知らせる意義がある。2時間目は目の不自由な人にとどまらず，さまざまな立場の人と美術館を楽しむことをテーマにすることで，美術館のユニバーサルデザイン化を考え，本物の美術館の工夫点を知っていく。この「レッツボランティア」の単元のまとめとして，さまざまな立場の人のことを考えて行動することによって，みんなが楽しめる（ユニバーサルの視点）につながることを伝えることを意図した。

(4) 授業計画

> 単　元　名：「さわって楽しむ美術館」
> 日　　　時：12月22日（火）1・2時間目，5・6時間目
> 対　　　象：1・2時間目：4年2組の児童
> 　　　　　　5・6時間目：4年1組の児童
> 場　　　所：4年生教室

(5) 第3次の授業計画

　本単元は美術館のユニバーサルデザイン化が主題である。視覚障がい者へのバリアフリー化からユニバーサル化へ転換できるかが主題理解の鍵となる，第3次の授業計画について紹介する（なお，本書では割愛しているが，この授業についても，総合的質的授業分析を行っている）。

> ねらい：・前回開催した「さわって楽しめる美術館」に来てくれたSさんやKさんの感想を聞き，この美術館が目の不自由な人にとってどれほどうれしいものだったかを感じとる。
> 　　　　・総合の授業で自分がかかわった人などを思い浮かべたりしながら，ニーズのある人と一緒にこの美術館を楽しむためにはどんな配慮が必要か考える。
> 　　　　・作品にふれるということは視覚障がいのある人だけでなく，目の見える人も楽しいことに気がつき，みんなが楽しめるというユニバーサルな側

面に気づく。
・自分たちが行った活動を思い起こしながら、「さまざまな立場の人のことを考えて、行動する」ことが、みんなが楽しむことにつながることを知る。

展　　開：

段階	児童の学習活動	指導者の支援と留意事項	準備物等
導入	1. 美術館の感想を述べる。 2. SさんやKさんがどんな様子でまわっていたかを思い出す。	「先週の金曜日に美術館をまわってみてどうでしたか？」 ・さわった・におい・音など作品への感想 ・手引きをしてもらった感想 ＊怖かったという意見が出たときは、どんな手引きをされたかを聞く。 「SさんやKさんはどのような様子で美術館をまわっていましたか？」	・ビデオ
展開①	3. 美術館コースの児童が発表する。	「美術館コースの人に、美術館をつくった工夫や感想を聞きましょう」 ・自分の作品でどんな工夫をしたか（におい・音・感触の工夫の説明は全部紹介する）。 ・SさんやKさん、アイマスクをした友だちはどんな様子でまわっていたか。 ・みんなを招待した感想。	・プロジェクター（作品の写真）
展開②	4. もっといろいろな人と一緒に美術館を楽しむためにはどんな工夫が必要か考える。 　・聴覚障がい者 　・高齢者 　・小さい子 　・身体が不自由な人 5. 実際のバリアフリー設備を知る。	「街には目の不自由な人の他にいろいろな人がいます。どんな人がいるでしょう」 ・児童からなかなか意見が出ないときは、総合的な学習の時間で出会った人を思い起こさせる。 「このいろいろな人と一緒にこの美術館を楽しむためにはどんな工夫をすればいいでしょう？」 「本物の美術館でも、いろいろな人に来てもらえるように、さまざまな工夫がされています」 ・写真を見せながら、いくつかは何のためにつけられた設備か質問する。	・ニーズのある人のキャラクター（高齢者、幼児、車いすの人、視覚障がい者、聴覚障がい者、外国人） ・美術館で使われているバリアフリーの設備

第3章　課題と5つの原則

まとめ	6.まとめを聞き、ワークシートを書く。	・美術館をみんなで楽しむためには、工夫が必要ということ。その工夫も、誰かのためだけにあるのではなく、いろいろな人のためになることをふまえる。 ・美術館だけでなく、他も同じだと伝える。 ・ボランティアでいちばん大切な「さまざまな立場の人のことを考えて、行動する」が、みんなが楽しむことにつながることを伝える。	

ワークシート：（他コースの振り返り用）

さわって楽しむ美術館

氏名（　　　　　　　　　）

この美術館は、目の不自由な人も楽しめるように、さわれるようになっています。ぜひ、さわってみてね！

①目の不自由な人は、どんなふうに美術館をまわっていたかな？

　[　　　　　　　　　　　　　　　　　　　　　　　]

②君のいちばん好きな作品はどれ？
　（　　　　　　　　　　　　　　　　　　　　　　　）
　選んだ理由
　[　　　　　　　　　　　　　　　　　　　　　　　]

ワークシート：（美術館コースの振り返り用）

さわって楽しめる美術館をつくって

氏名（　　　　　　　　　　）

①どんなところに工夫して作品をつくったかな？

②SさんやKさん，他のコースの人は，どんな様子でまわっていたかな？

③SさんやKさん，友だちを手引き（案内）してみた感想

④さわって楽しめる美術館をしてみた感想

ワークシート：（第3次2時間目用）

いろいろな人と美術館をまわろう！

氏名（　　　　　　　　　　）

　　どんな人と　　　　　　　どんな工夫をするか
（　　　　　）→〔　　　　　　　　　　　　　〕
（　　　　　）→〔　　　　　　　　　　　　　〕
（　　　　　）→〔　　　　　　　　　　　　　〕
（　　　　　）→〔　　　　　　　　　　　　　〕

第3章　課題と5つの原則

①SさんやKさんたちと美術館をまわったり，お話を聞いたりして，わかったことやいんしょうに残ったことはありますか？

②さわって楽しめる美術館は楽しかったですか？
　とても楽しかった・楽しかった・ふつう・楽しくなかった

③今日の授業でわかったことや感想

④SさんやKさんにしつもんしたいことはありますか？

b　中学校での取り組み──暮らしのなかの社会的バリアとバリアフリー

次に，中学校での障がい理解教育の取り組みを紹介します。

F中学校では，バリアフリーがどのようなものなのかを知るために，生徒にとってもっとも身近な学校にあるさまざまなバリアフリーをとらえるという授業実践がありました。

その内容は，バリアフリーの概念を説明することから始まり，教師が調べて用意した写真つきのパネルで，トイレやスロープ，階段等のバリアフリー設備を提示して理解させること（関心を促すためクイズ形式を取り入れていました），アイマスクを装着してシャンプーとリンスを見分けたり，牛乳パックの空け口を探したりすることなどによって，身のまわりにあるバリアフリーの工夫を知ることで構成されていました。

私はこの実践授業をビデオで見た後，このような取り組みでは生徒たちにバリアフリーについての真の理解を育むことができないのではないかという懸念を指摘しました。

学校のバリアフリーに注目するということは，実際に学校でバリアに直面する肢体不自由の仲間たちがいるという確認が必要です。ところが，現在，そのような生徒は在籍していないということでした。それでは，学校の問題を取り上げても，自分たちの問題としてとらえ直して発展させることができません。じつは，バリアフリーの問題を取り上げながら，このように形式的なものにとどまっていることが多いのです。

　学校の題材を取り上げたからといって，理解が深まるわけではありません。それよりも障がいのある人の社会的バリアを取り上げ，暮らしの問題と結びつけたほうが，自分たちの問題としてとらえられる可能性があります。その際には，学校の近隣に住む肢体不自由の人に話をしてもらい，暮らしをベースにして，バリアを「点」としてではなく「線」としてとらえ直し，バリアフリーのハード面とソフト面を結びつけて考えを深めていく必要があります。

　このような課題をふまえ，表3-3のような指導計画を提起しておきます。

c　中学校・高等学校での取り組み——ICFの概要と問題点

　繰り返しますが，障がいについての理解は，障がいを個人の問題としてとらえることにとどめず，この社会的障がいの理解をどのように進めるかがポイントとなります。その際，すでにふれたバリアフリーからユニバーサルデザインのとらえ方や障がいのある人の暮らしとの接合のとらえ方などを，わかりやすく具体化し，教材づくりを行うかが問われます。そのためには，小学生の低学年・中学年・高学年，中学生，高校生等と，生活年齢に即した教材化をはかり，児童生徒の興味・関心を引く題材を取り上げることが重要です。

　これまで指摘した，障がいをプラスイメージでとらえる視点とともに，障がいを社会的障がいとしてとらえる視点は，じつは最新の世界保健機関（WHO）の障がい理解に示されています。2001年5月にWHO総会において採択された，「ICF＝新国際障がい分類（国際生活機能分類）」の概要を指摘しながら，障がいを社会的障がいとしてとらえることは意義があります。このICFのわかりやすい教材化も，障がいを社会的問題としてとらえる指導のために大きな課題になります。

　ICFについては，表3-4のような指導計画を提起しておきます。

表3-3 指導計画

単 元 名：「肢体不自由の人の暮らしとユニバーサルデザイン」
対　　象：中学校の生徒
単元目標：・肢体不自由の人の暮らしを見つめるなかから，社会的障がいの意味を知る。
　　　　　・バリアを取り除くためには，ある目的を達成するために連続したかたち（線）でとらえ，ハード面とソフト面の両面のアプローチが必要であることを知る。
　　　　　・バリアフリーからユニバーサルデザインへの転換の意味を知る。
授業計画：①肢体不自由のAさんの話を聞く。
　　　　　・Aさんのいろいろな面を知る。
　　　　　・プラス面やチャレンジしている側面も知る。
　　　　　・その際，困っていること，社会的バリアについて話をしてもらう。
　　　　　②Aさんの話から，社会的バリアとバリアフリーについて考える。
　　　　　・肢体不自由の人にとって，どのようなバリアがあるか事前に調べ，班学習・全体討論を行う。
　　　　　・Aさんとともに，どこを街点検するか，話しあう（人数が多い場合，街点検のグループを限定するか，場面ごとにAさんにつくグループを変更するか，グループで協力してもらい肢体不自由の人を増やすか事前に検討しておく）。
　　　　　③Aさんと街点検する。
　　　　　・「銀行に行く」「病院に行く」「映画館に行く」「スーパーに行く」等の目的を定め，途中の交通機関も含めてその目的を実現するうえで，どのようなハード面・ソフト面のバリアがあるか調べる。
　　　　　④街点検の結果を発表する。
　　　　　・KJ法*について説明する。
　　　　　・KJ法によって，グループで感じたこと，意見をまとめていく。
　　　　　・各グループの報告を行い，質問・意見交換を行う。
　　　　　⑤ユニバーサルデザインの意味を知る。
　　　　　・バリアフリーとユニバーサルデザインのちがいを知る。
　　　　　・ユニバーサルデザインの発案者と7原則について知る（第4章2節参照）。

＊ KJ法……文化人類学者の川喜田二郎がデータをカード化し，まとめるために考案した方法で（『発想法──創造性開発のために』中央公論社〔現中央公論新社〕，1967），企業研修や学校教育などでも用いられている。この指導計画の場合も，各生徒が気づいたことを配布したカードに1枚ずつ書きとめ，類似したカードをグルーピングして検討を加えていく（なお，この方法のエッセンスを知的障がいのある生徒にも活用している〔本章5節参照〕）。

表 3-4　指導計画

単 元 名：「ICF って何？」
対　　象：中学校・高等学校の生徒
単元目標：・1980 年の国際障がい分類（ICIDH）の概要を知り，その問題点をとらえる。
　　　　　・2001 年の国際生活機能分類（ICF）の成立過程と概要を知る。
　　　　　・新たな国際的な障がい理解にどのような意義があるかを考える。
授業計画：①WHO とは何かを押さえる。
　　　　　・取り組みの 1 例を紹介する（場合によっては，この段階から生徒に調べさせ，まとめさせることも可能）。
　　　　　②国際障がい分類の基本的なとらえ方を押さえる。
　　　　　・機能障がい＝医学的分類，能力障がい＝教育的障がい，社会的不利＝社会的障がいの 3 つのとらえ方について，肢体不自由など具体的障がいを取り上げてとらえさせる。
　　　　　・見本を参考に，他の障がいについて，生徒たちにグループで押さえさせる。
　　　　　③国際障がい分類の問題点を指摘する。
　　　　　・医学的障がい偏重の問題，環境要因軽視の問題，一方向的な規定の問題，健常者中心の理解の問題，先進国偏重の問題。
　　　　　④新国際障がい分類＝国際生活機能分類の成立過程を押さえる。
　　　　　・カナダ・プラン等他の先進国の計画による問題提起を知る。
　　　　　・当事者・実務家・研究者の三者で協議された意義を知る。
　　　　　・ノーマライゼーション等さまざまな人権思想の深まりの影響を知る。
　　　　　⑤新国際障がい分類＝国際生活機能分類の概要を押さえる。
　　　　　・機能—活動—参加という肯定的なとらえ方を知る。
　　　　　・環境因子の重要性を知る。
　　　　　・個人因子（性別・年齢等）の重要性を知る。
　　　　　⑥新たな国際的な障がい理解から学ぶべきことについて考える。
　　　　　・障がいを社会的にとらえる意義。
　　　　　・障がいの個人因子を押さえる意義。
　　　　　・当事者性を尊重する意義。

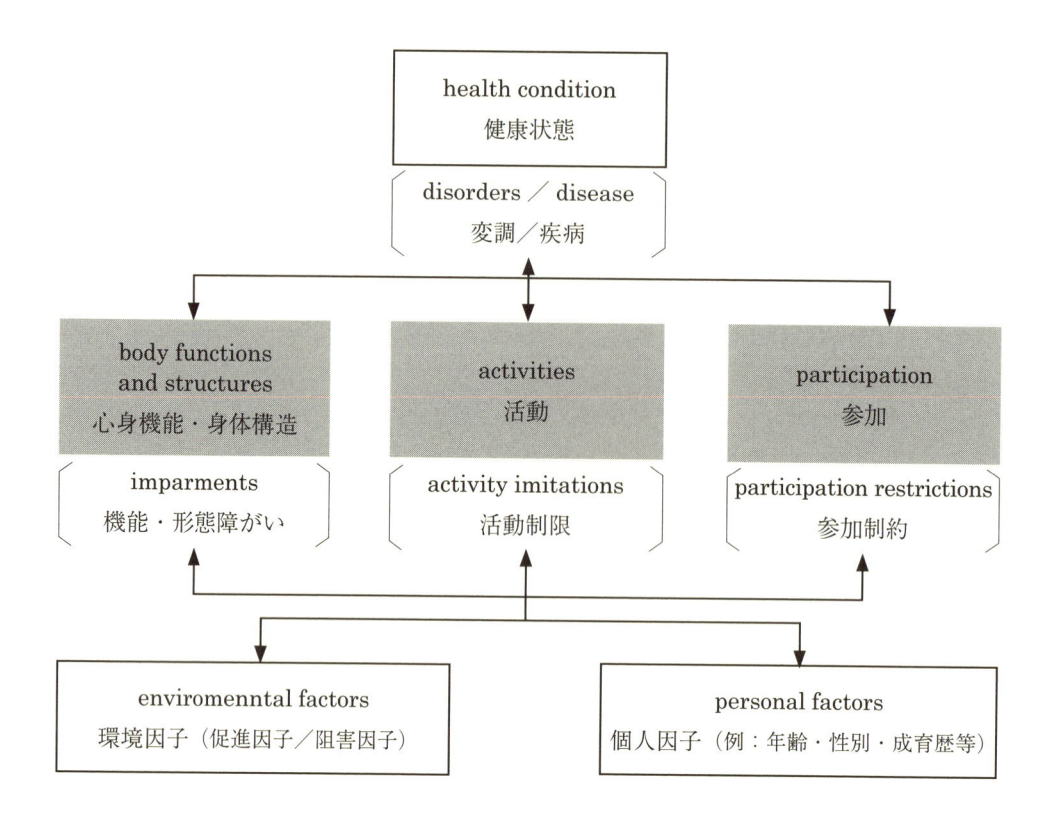

```
                    ┌─────────────────┐
                    │ health condition│
                    │    健康状態      │
                    └─────────────────┘
                       disorders / disease
                          変調／疾病

   ┌──────────────┐   ┌──────────────┐   ┌──────────────┐
   │body functions│   │  activities  │   │ participation│
   │and structures│   │     活動      │   │     参加      │
   │心身機能・身体構造│   │              │   │              │
   └──────────────┘   └──────────────┘   └──────────────┘
      imparments         activity imitations   participation restrictions
      機能・形態障がい      活動制限              参加制約


   ┌──────────────────────┐       ┌──────────────────────────┐
   │ enviromenntal factors│       │    personal factors      │
   │ 環境因子（促進因子／阻害因子）│       │ 個人因子（例：年齢・性別・成育歴等）│
   └──────────────────────┘       └──────────────────────────┘
```

図 3-3　ICF の構造図

（世界保健機構〔WHO〕『国際生活機能分類』中央法規出版，2002, p.17. を改変）

4　形式的な交流にみられる問題
➡ 原則 4「活動と認識の統一をしよう！」

　次は，せっかく交流教育を行っても，形式的で意味をなしていないばかりか，逆に障がい理解の妨げになっている問題について考えます。

　以前，こんなことがありました。G 小学校で，特別支援学級と通常の学級の 2 年生の 1 クラスとの交流教育が行われたときのことです。そこで取り組まれていたのが体育館における行事による交流で，まず特別支援学級の児童全員が壇上に上がり，一人ひとり紹介されていました。その後，通常の学級の児童の紹介もあると思いきや，2 年生の紹介はなされず，そのまま特別支援学級の児童による劇の発表

に進みました。

　このような活動の流れはよくみられますが，ここには大きな問題があります。本来，交流とは一方通行であってはならないものであり，特別支援学級の児童の紹介があった時点で，2年生の児童の個人の紹介——クラス全員ではなく，代表の子ども何人かでもいいですから——が必要です。お互いを紹介することによって，対等に向きあうことになるのです。

　ここで特別支援学級の児童の紹介しかなされていないのは，教師の側に，特別支援学級の児童のことを2年生の児童に「理解してもらいたい」という意識があったからでしょう。このような姿勢は，児童に伝わり，かえって真の理解を阻む結果にもなりかねません。

　まずは，対等の立場に立った相互の紹介を位置づけるところから，変えていく必要があります。

　また，その後に行った，特別支援学級の児童の劇と2年生の児童による合唱も，それぞれの学級が順に発表しただけで，かたちだけの交流です。それぞれの学級が別々に活動するのではなく，共同の活動を組織して劇をともにつくり上げたり，あるいはともに合唱するほうが，真の理解を深めていくことができます。

　つまり，体験による交流を進めるだけでなく，活動と認識の統一をはかることが重要になるのです。この場合，共同の活動と並行して，2年生の児童への認識面の障がい理解教育が求められます。

　障がいのない児童への障がい理解教育においても，うわべの認識教育にとどまることなく，活動と認識を統一することが重要になります。

　以前，L小学校の6年生の授業において，日本の障がい者福祉とアメリカの障がい者福祉について，教師ではなく児童たち自身が調べ，その成果をもとにディベートを行うという取り組みがありました。私は専門家の1人として，アメリカのグループの聞き取り調査やディベートの作戦に協力し，資料提供等も行いました。そして，ディベートに勝利し，グループの児童たちと喜びを共有することができました。この事例は，児童の主体的活動と認識を統一した取り組み例といえるでしょう。

　最初の話に戻しますが，特別支援学級の児童の紹介についても，ただ教師が教材を準備して説明するのではなく，通常の学級の児童たちがグループに分かれ，たとえば特別支援学級の先生から聞き取ったことを整理して発表したり，特別支援学級児童の保護者のところに赴いて話を聞いたことをまとめて発表したりするなどして，

活動と認識を統一することが重要なのです。

　このような課題と原則による指導計画は，第4章で紹介するBOCCIA（ボッチャ）の授業実践にもみられるように，特別支援学級と通常の学級の児童との共同の活動を組織化することがもっとも望ましいといえます。

表3-5　指導計画

単　元　名：「特別支援学級（なかよし学級）の仲間」
対　　　象：小学校高学年の児童
単元目標：特別支援学級の仲間のことを知り，つながりを深める。
授業計画：①人の見方（みんなちがって，みんないい）
　　　　　・自分の長所・短所をとらえ，シートにまとめる。
　　　　　・班学習，全体の話しあいをとおして，友だちの長所・短所を知る。
　　　　②人の成長
　　　　　・人は，壁（困難，課題，広義の障がい）を乗り越えて成長することを知る（発達の図使用）。
　　　　　　とくに，自分の短所についてどのように対処したかを発表する。心，知識，行動等，多様な側面での壁の乗り越えについて考える（たとえば，鉄棒の逆上がり）。
　　　　　・人は，仲間の支えで，成長することを知る。
　　　　　・狭義の障がいが加わる意味を知る
　　　　③特別支援学級の仲間
　　　　　・クラスの子どもたちへの対応について，特別支援学級の保護者と教師と事前に打ちあわせをする。
　　　　　・特別支援学級に入り込みグループと保護者にインタビューするグループに分かれ，何を調べ，体験するかを話しあう。
　　　　　・体験し，調べたことを模造紙にまとめる。
　　　　　・体験し調べたことを発表し，感じたこと，わかったこと等について全体で話しあう。
　　　　④特別支援学級の仲間との共同の活動
　　　　　・このような取り組みをもとに，特別支援学級の仲間と友だちになる活動について考える。

しかし，学校の状況によっては，そのような取り組みにつなげるうえで，障がいのない児童を中心とした活動と認識を統一した授業実践も提起しておく必要があります。表3-5は，その1例です。

5 障がい理解教育の主体から障がい児が除かれている問題
➡ 原則5「障がい児の本人理解を進めよう！」

　「障がい者理解教育」から「障がい理解教育」に変わった理由として，障がい児も障がい理解教育の主体になるということがあげられます。

　今までは，障がい児，とくに知的障がいをともなう児童――知的障がい児や知的障がいをともなう肢体不自由児，知的障がいをともなう視覚障がい児，知的障がいをともなう聴覚障がい児，知的障がいをともなう病弱児――の場合，「本人理解」が難しいととらえられがちであり，このような障がい児への障がい理解教育がなされることは少なかったものです。

　しかし，知的障がいのある児童生徒，知的障がいをともなう児童生徒にとっても，障がい理解は重要な意義があります。将来の自立と他立を見すえたとき，自らの障がいを知り，場合によっては自らヘルプを出す力などが求められます。

　どのように，彼・彼女らに障がい理解教育を行えばよいのでしょうか。

　知的障がいのある児童生徒に障がい理解教育を行う場合は，「自分史」の取り組みが有効です。「昨日・今日・明日」をとらえられない，あるいはとらえることが課題となっているような知的障がいの児童生徒にとって，歴史をとらえることは困難な課題です。歴史をとらえるには発達段階をふまえることが求められますが，自分史の取り組みは，自分自身とかかわるということで，身近で関心をもちやすいテーマなのです。両親や祖父母から話を聞き，ノートにまとめたり，あるいはビデオに収めたり，写真や絵等を収集し整理したりすることにより，障がいのある自分自身のことを理解するきっかけを得ることができます。これらの成果を各々のコミュニケーション能力にもとづき発表すること，それを聞き理解することにより，他の仲間たちの理解も深めることができます。

　その際には，KJ法による整理方法のエッセンスを学び，模造紙等にまとめる取り組みにも拡げることもできます。このKJ法に着目した授業実践は，私のゼミ所属の教諭により取り組まれ，特別支援学校中学部の協力を得て，KJ法のエッセン

スを用いて3年間の思い出を振り返りまとめさせ，その成果を卒業式で発表させています。

また，この自分史の取り組みと関連づけ具体化させたものとして，体の理解学習が展開されています。北川による「『わたしの体』の学習」では，「骨のはたらき」や「内臓のしごと」「おへその役割」といった自分たちの体に着目することから出発し，「赤ちゃんの誕生」「私の誕生と成長」といった内容から，自分たちが小さな「命のつぶ」から成長し，家族に大切に育てられたことを意識させています。このような「骨のはたらき」に着目した類似の授業は，私のゼミの卒業生も取り組み，総合的質的授業分析を行っています。こうした取り組みは，具体的に自己をとらえることで，自らに関心をもつことができ，障がい理解の前提となる主体の形成においても意義を有しているのです。

a 授業への取り組み──「じぶんのせいちょう」

授業の対象となる児童生徒の発達段階によって，どこまで体の内容を拡げるか，『わかる』ための教材化をどのように進めるか，授業を行った後に教師の指導性等授業の構成要素をふまえた授業の検討がなされているかが問われます。

この点をふまえた取り組みとして，K小学校の特別支援学級で行われたゼミ卒業生の長谷川による「じぶんのせいちょう」という授業実践があります。長谷川は1年間，サポーターとしてこの学級（2010年度には計8名の児童が在籍し，担任1名，30時間講師1名が担当）に入り，次のような授業実践を行いました。

(1) 小単元設定の理由

　1）児童観

本学級には，自閉的傾向の児童やダウン症・発達障がいのある児童など8名が在籍しています。

児童全員が言語でのコミュニケーションが可能です。毎日1・2時間目は特別支援学級の児童全員ですごすように時間割が組まれており，児童同士がかかわりやすい環境にあります。また，幼い弟・妹がいる児童，最近妹が生まれた児童，現在妊娠中のお母さんがいる児童がいて，「あたらしいいのち　じぶんのせいちょう」という単元に対して当初から興味をもっている児童が多くいました。

　2）教材観

本小単元では，ことばだけでは実感が得られにくいため，視覚的な教材を中心に

組み立てています。実際に赤ちゃんのときに使用していた哺乳瓶やおむつ，ベビー服，現在使用している箸や歯ブラシなどの実物を提示し，またその教材を児童一人ひとりが目で見てふれることによって，興味をもって体感できると考えました。

　　3）指導観

　本小単元では，視覚的な教材や実物を使って活動することによって児童が実感し，「わかる」ことを大切にしています。そのため，一人ひとりが実物を目で見てふれることができる時間を確保したいと考えました。また，児童一人ひとりの考えや行動を注視し，授業者がそのよさを評価することで，児童が意欲をもって主体的に活動するよう心がけるようにしました。

　また，友だちとの相互の活動を楽しむことを大切にしました。そのために，児童がペアや集団での活動を意識できるように声をかけていくこと，さらに，幼い弟・妹がいる児童，最近妹が生まれた児童，現在母親が妊娠している児童がいるので，そのような児童たちから家庭での経験や気持ちを聞くことによって，全体で共有していくことにポイントを置きました。身近な友だちのことを全体で共有することで，発表した児童には満足感が得られ，発表を聞いた児童にも実感が得られ，「わかる」ことができると考えました。

(2) 小単元の概要

　本小単元は，特別支援学級が11月に行われる学習発表会のために，担任の教師のもと，取り組まれた「あたらしいいのち　じぶんのせいちょう」の単元に位置づけられる小単元「自分の成長——比べよう，赤ちゃんと今」です。

　この単元では，全体目標として，「いのちの誕生」「体の成長」を学ぶことによって，家族やまわりの人たちの大切さを実感すること，自分の成長の喜びを実感することがあげられました。

　これまでの授業の流れとして，自分たちはお母さんのおなかのなかから生まれてきたことを学び，はいはい・よちよち歩きができるようになるまでの成長過程も学習します。さらに，生まれてきたときの様子や名前の由来を親から聞き，一人ひとり聞いたことを全体で共有し，児童の妹がお母さんのおなかのなかにいるときのDVDを全員で見ます。そして，この学習の成果は，学習発表会で披露されました。

　長谷川が担当する3時間では，「成長」に重きが置かれました。今までもはいはいやよちよち歩きなど成長の過程を学習していますが，長谷川の担当する授業では，児童が成長を実感し「わかる」ことができるようねらいを定めています。

(3) 小単元全体の構想

第1次：「体の成長」（1時間）

「体の成長」を取り上げ，授業者の赤ちゃんのときの等身大のパネルと小学校1年生時の等身大のパネルを示し，どれほど成長したのかということを視覚的に学ぶ。その後，一人ひとりの身長を実際に模造紙にかたどり，その隣に赤ちゃんのときの等身大を書き写し，赤ちゃんのときと今の身長を視覚的に比べることによって，体の成長の学習を行う。

第2次：「手の成長と自立」（2時間）

「手の成長と自立」を取り上げ，手の成長によってできるようになった身辺自立について学習する。身辺自立の対象としたのは，ご飯（食事）・着替え（着脱）・トイレ（排泄）・歯みがき（衛生）の4領域であり，学習発表会で発表した歌にそったものである。授業のなかでは，赤ちゃんと今を比較し，哺乳瓶やおむつ，箸などを実際に提示し，赤ちゃんのときについては，等身大の赤ちゃん（ダンボールで作成）を用意して児童が着替えさせる等の活動を行うことによって，実感させるようにした。

(4) 第2次2時間目の授業計画

以下は，第2次の2時間目「手の自立と成長」の指導案です。

小単元名：「手の自立と成長」

日　　時：11月30日（金）3時間目

対　　象：H学級の児童8名（1年男子1名，女子1名，3年男子1名，4年女子1名，5年男子1名，6年男子3名）

場　　所：H学級教室

指　導　者：長谷川他，担任教諭2名

ね　ら　い：手の自立を学び，成長するに連れてさまざまなことができるようになる（身辺自立）ということを実感する。

展　　開：・…児童の活動，○…指導上の留意点

活動の流れ	児童の学習活動 指導者の支援と留意事項	準備物等
はじめのあいさつをする。	・日直に合わせ，大きな声であいさつをする。	

これまでの学習を振り返る。	・学習発表会の内容を振り返り，はいはいからよちよち歩き，そして手が自由になった流れを思い出す。 ○学習発表会で使用したパネルを提示する。 ○全員が知っていることや習ったことを発表できるようにする。	・パネル
手の成長・自立を学ぶ。	・手が自由になってできるようになった身辺自立を学ぶ。 ○赤ちゃんのときと今できることを比べることができるように，実際に道具を提示する。 ○どのように手が動いているかに注目する。 □食べること。 □着替えること。 □トイレにいくこと。 □歯をみがくこと。	・表 ・哺乳瓶 ・服 ・おしめ
全員で歌を唄う。	○歌の歌詞を見て，自分でできるということの喜びを伝える。 ・歌をうたう。 ○歌の（2）・（3）の「かしこくなる手」「みんなとつながる手」については，担当教諭と進めていくということ伝える。	
終わりのあいさつをする。	・日直に合わせて，大きな声であいさつをする。	

学習発表会で唄った歌詞：

(1)
生まれたばかりの　かわいい小さな手
今はこんなに大きくなりました
おはしやスプーンが使えるよ
一人で着替えもできるんだ
ぼくのこの手は　知っている
自分でできるうれしさを

(2)
生まれたばかりの　何にもできない手
今はいろんなことができるんだ
お絵かきだって楽しいよ
自分の名前も書けるんだ

> ぼくのこの手は　知っている
> 自分ができるよろこびを
>
> (3)
> 生まれたばかりの　ひとつの小さな手
> 今はこんなにいっぱい集まった
> 仲良く遊んで　グーチョキパー
> みんなでつくろう仲間の輪
> ぼくのこの手は知っている
> みんなとできるうれしさを
>
> ぼくの手きみの手みんなの手
> 手と手と手を合わせて
> みんなで仲良くしよう
> 手と手と手をつないで
> ぼくらの明日へ　ホップステップジャンプ

(5) **コメント**

　この授業実践では，以前に特別支援学級担任によって取り組まれた内容を，さらに内実化させるように歌の歌詞に着目し，具体物を使ってその歌詞の意味をつかませようとしました。とくに，細かな成長のプロセスではなく，赤ちゃんと今をわかりやすく対比してとらえさせることにより，知的障がい児に成長の意味を理解させることに成功しています。また，個々の児童の活動をみて，しっかりとほめながら，意欲をもって主体的に取り組むように配慮することで，笑顔のあふれた生き生きとした授業が展開されていました。

b　授業への取り組み──「ぼくたちわたしたちのからだ」

　長谷川の授業実践では，小学校の特別支援学級ということもあって，すべての児童が話しことばを獲得しており，教師（集団）と児童（集団）による話しことばのやりとりによって授業を進めることができました。

　しかし，知的障がい特別支援学校の小学部の場合，話しことばを獲得していない児童も存在するため，授業の像も異なってきます。

　そこで，院生によるⅠ知的障がい特別支援学校小学部の授業実践の概要を紹介し

ます。
(1) 単元設定の理由
　1) 児童観

　小学部5年生は21名の児童を4クラスで編成しています。在籍している児童は知的障がいや自閉症，ダウン症などさまざまな障がいがあり，身体的発達・知的発達の状況に個人差がみられます。

　日常生活の場面では，ほぼ自立しています。腕から手先や下肢の動きに不器用さがあるものの，食事や着替え，排泄は活動を促すようなことばかけや少しの介助で自分で行うことができる児童，常時介助を要する児童まで幅広いのです。

　意思表示については，会話でやりとりできる児童や「ある」「ない」「いや」など簡単なことばで表現する児童や，身振りで相手に伝えることができる児童もいます。

　授業場面でも，指導者に意識を向けて状況に合わせて主体的に活動できる児童や，指示をある程度理解できてことばかけや少しの支援で活動できる児童，ことばの理解や状況の把握が困難で活動中につねに教師が寄り添う必要がある児童などさまざまです。

　また，それぞれのクラスの雰囲気は，クラスの仲間や友だちとしての認識をもっており，友だちの名前を呼んだり，友だちを見つけると近づいてほほえんだり，「なかよしペア」になって手を握って活動したり，仲間同士のかかわりがみられます。

　2) 教材観

　児童の身体的・知的な発達に個人差はありますが，すでに第二次性徴期を迎えて生理が始まったり，体つきがしっかりしてきたり，また異性を意識したりするなど，自分のからだに興味を示す児童がいます。まだその兆候がない子どもも，いずれ思春期を迎えることになります。知的障がいの特性から，心理的・社会的な発達がゆるやかであるため，身体的な発達とのズレが生じやすく，その成長を受けとめられずに不安に感じたりすることが予想されます。

　しかし，その不安や葛藤を自ら乗り越えたり，周囲の人に訴えかけたりすることが難しいことから，情緒が不安定になったり，性的な問題行動に発展したりする等が考えられます。そのため子どもから大人へ移り変わるこの大切な時期に，自分の体の状態を正しく知り，これから迎える体の変化について学ぶことで，その変化を肯定的に受け入れられるようになってほしいと考えました。

本単元の学習を通じて，自分や友だちの体を大切にしようとする気持ちが芽生えたり，自分の性や成長を周囲の人とかかわりながら肯定的に受けとめることができるようになってほしいと考えています。

(2) 単元の全体構想

　第1次：「赤ちゃんの誕生」
　どのように赤ちゃんがつくられるのかを知り，母親の胎内で育つ生命のしくみ，出生についてやそのときの周囲の人の様子を学ぶ。赤ちゃん誕生までの物語をパワーポイントで作成し，どのように命が誕生し，どこから生まれてくるのか，またそのときの家族や周囲の人たちの気持ちを話す。その後母体で育つ胎児の様子をペープサートで提示し，どれくらい大きくなっていくのかを視覚的に理解できるようにする。またそれを指導者や自分たちの体と比較し，赤ちゃんの大きさと今の自分の大きさを比較できるように配慮する。また，スクリーンや移動黒板を使うことで，児童が注目しやすいように工夫する。

　第2次：「からだの清潔」
　歌に乗せて体を洗うことで，楽しみながら体の基本的部位（頭・顔・手・足・胸等）や名称を覚え，正しい洗い方について学ぶ。指導する児童の等身大の体の絵の汚れやすい部位にばい菌の絵を貼り，どこを重点的に洗ったらよいのかを示す。また体を洗う場面で，タオルやバスチェアを使ったり，ビニールテープでつくったシャワーを使用し，お風呂の雰囲気を出すようにする。

　第2次（本時）：「男の子女の子のからだと成長」
　初めに，身近な大人である担任の乳児期から成人期までの写真をスクリーンに提示し，「わたしはだれでしょうクイズ」を行う。先生の成長していく様子を見て，成長していくに連れて外見が変化していくことを学ばせる。次に前次で使用した等身大の体の絵を提示し，児童に男女の体の絵に基本的部位の絵を貼らせて，男女の体を完成させていく。自分たちで考えながら体の基本的部位の絵を貼り，男女の体を完成させることで達成感を味わわせ，貼る作業を通じてボディーイメージをもたせながら，一つひとつ男女の体のちがいに気づいてほしいと考えてこの教材を作成した。学年全体指導ということで，スクリーンや移動黒板を使用し，どの部分に注目すればよいのかわかるように配置などを工夫する。本時の授業で，自己の性別を知り，さらに男女の体のちがいや成長していく体の変化を学習させ，第二次性徴の発現は大人への第一歩であり，誰もがたど

る自然な現象であることを実感させたい。

(3) 授業計画

単 元 名：「ぼくたちわたしたちのからだ」
日　　時：○月○日（月）10:05 ～ 10:45
対　　象：21名（男子14名，女子7名）
場　　所：5年生教室
指 導 者：（T1）（T2）（T3）（T4）（T5）（T6）（T7）（T8）（T9）（T10）
指導計画：

	単元名	指導内容	単元目標
第1次	赤ちゃんの誕生	・生命の誕生 ・自他の体を大切にする	・生命の誕生について知る。 ・自分や友だちの体を大切にしようという気持ちをもたせる。
第2次	からだの清潔	・体の名前 ・体をきれいにする方法	・自分の体を清潔にしようという意識をもたせる。
第3次（本時）	男の子女の子のからだと成長	・自他の性別 ・男女のちがい ・これからの体の成長	・自己の性別に気づく。 ・男女の体のちがいを知る。 ・第二次性徴期を迎えるにあたって，男女の体がどのように変化していくのかを知る。

児童の実態：

	児童の実態
第一段階	身辺の自立においては，半介助から全介助の児童である。動作を促す声かけや介助が必要。 更衣は男女別ですませるように決められているが，着替えの途中でカーテンから出てくることもあり，見られて恥ずかしいという気持ちはみられない。 対人関係においては，気に入ったの友だちに顔を近づけたり手を握ったりするなどスキンシップをはかろうとする様子がみられる。おしりのかゆみや不安感からパンツのなかに手を入れることもある。
第二段階	身辺の自立においては，半介助からほぼ自立している児童である。動作を促す声かけが必要。 更衣は男女別の場所で，指導者のことばかけとともに着替えることができる。指導者の気を引こうとして，カーテンから顔をのぞかせたり，出てきたりする児童もいる。 対人関係においては，男女問わずかかわりをもつが，適切な距離をとって，かかわることが難しい。また人前でパンツのなかに手を入れたりする児童もみられる。

第三段階	身辺の自立においては，自立している。 対人関係においては，男女ともに働きかける様子がみられるが，指導者が話しかけると，べったりと近づいてにおいを嗅いだり，恥ずかしがる様子がみられる。 第2次の「からだの清潔」で等身大の人の裸の絵を掲示すると，目を背けたり，「どうして，女の子のいる前で裸を見せるの？ 恥ずかしいからやめて」と異性を意識する様子がみられた。

ねらい：・体の部位の絵を貼りながら，自分の体のつくりを知る。
　　　　・自己の性別を知る。
　　　　・これから起こる自分の体の変化について知る。
　　　　・プライベートゾーンを清潔にすることを知り，人前では見せないことを知る。

展　開：

時間	児童の活動	指導留意	他の教師の動き	準備物
10:05 ～ 10:10	・5年3組の教室に集合する。 ・始まりのあいさつをする。 ・前次の復習をする。 ・本時の内容を聞く。	・いすを持って教室に集合させる。 ・学級委員を前に呼ぶ。 ・汚れやすい部位に貼ったばい菌の絵を見せながら，タオルで洗ってばい菌をとり，清潔の仕方を復習する。 ・「今日はみんなの体がどんなふうに変わっていくのかを勉強するよ」と伝える。		・赤ちゃん人形 ・からだの絵 ・バイキンの絵 ・タオル
10:10 ～ 10:25	○「わたしはだれでしょうクイズ」 ・スクリーンに注目し，先生の過去の写真を見る。 ・スクリーンに映っている人がどの先生であるかを当てる。 ・先生の性別を知る。 ・自分の性別を確認する。	・赤ちゃん人形を児童に見せ，先生たちにも赤ちゃんの頃があったことを伝える。 ・スクリーンに映る先生の過去の写真に注目するように声かけをする。 ・どの先生の写真か児童に名前をあげさせ，該当する先生に注目させる。	・「この写真は誰かな？」とそばにいる児童の顔を見ながら声をかけて興味を引く。 ・児童から名前を呼ばれた先生は，「そうです」「ちがいます」とひと言答える。 →女性は胸にリボンを男性はシールをはがしてヒゲをつける。	・スクリーン ・投影機 ・パソコン ・先生の乳児期，児童期，青年期の写真の入ったパワーポイント ＜先生用＞ ・リボン ・ヒゲ

10:10 ～ 10:25			・名前があがった先生に注目させ，女性にはリボン，男性にはヒゲをつけて性別がわかるようにする。 ・どの先生にも子どもの頃があり，今の大人の状態の先生になったことを伝える。		
10:25 ～ 10:40	○男の子と女の子の体の絵を完成させる（児童期，青年期，成人期のそれぞれの男女の絵）。 ・男女の裸の絵が後ろを向いている状態で，性別を答える。	「人間がどんなふうに体つきが変わっていくのかを勉強する」と伝える。 ・児童に自分の性別を認識させるために，女の子にはリボン，男の子にはヒゲを配る。 ・人の裸の絵に過剰に反応する児童がいることを考慮して，「体が変わっていく様子を勉強するために，今日は裸の絵を使って勉強する」ということを伝える（前次の体の授業で，裸の絵に過剰に反応した子に対しては，教師が小学生の頃に使っていた保健の教科書を見せ，自分も体の勉強をしてきたということを伝え，児童に納得させ，恥ずかしい場合は近くの先生に言って別室に移ってもらうように伝えている）。	・一人ひとりに自分の性別にあった小道具を選択させる。 ・人の裸の絵に過剰に反応を示す児童がいれば，担任が状況に合わせて声かけをするなど対処する。	<児童用> ・リボン ・ヒゲ ・男女の体の絵（児童期，青年期，成人期） ・男女の体の基本的部位（頭・顔・手・足・胸等）の絵 ・男女の洋服の絵 ・移動黒板 ・磁石	

第3章　課題と5つの原則

	・男の子は男の子の絵に，女の子は女の子の絵に見合う体の基本的部位の絵を貼り，男女の体の絵を完成させる。 ・男の子と女の子の体のちがいをみる。 ・青年期，成人期の体の特徴を知る。	・男女の後ろ向きの絵に注目させ，どちらが男の子か女の子か全員に手をあげてもらう。 ・体の部位の絵を児童に配る。 ・完成した絵を成長段階順，男女別にちがいをみて，指導者が男女の体のちがいや同じ部分を説明する。 男の子 体がかっしりしてくる。肩幅広くなる。ヒゲが生える。声が低くなる。 女の子 丸みをおびる。胸がふくらむ。 ・各部位の毛や身長に注目させ，成長していく体の変化に気づかせる。	・支援が必要な児童は，絵を貼る作業につきそう。なるべく児童の意思に任せて絵を貼らせる。	
10:25 〜 10:40	・男女の体の絵に洋服の絵を貼る。	・児童もこれから大人の体になっていくことを伝える。 ・成長には個人差があることを伝える。 ・大切な体を人に見せたりせずに，服を着せて守ることを伝える。		
10:40 〜 10:45	・終わりのあいさつをする。	・学級委員を前に呼んで終わりのあいさつをさせる。		

c 病気についての理解教育の特色

　知的障がいの児童生徒や知的障がいをともなう児童生徒以外の，障がい児童生徒における本人の障がい理解の問題についてもふれておきます。

　知的障がいをともなわない肢体不自由児・視覚障がい児・聴覚障がい児・病弱児にとって，自らの障がい・疾患を理解して自己管理することは，きわめて重要なテーマであり，主に自立活動などで多くの取り組みがなされています。

　私は以前，全国の病弱養護学校を対象にして，病気の理解教育の調査を行いました。そこで明らかになったことは，自立活動を中心とする本人の病気の理解教育が重要視され，逆に他児の病気の理解教育や病気のない周囲の子どもたちへの理解教育等が不十分な状況にあるということです。

　以前，周囲の子どもたちの偏見があり，アトピー性皮膚炎の児童がクラスで孤立するケースにかかわったことがあります。この場合は，とくに周囲の子どもたちへの病気の理解教育が重要です。アトピー性皮膚炎の症状や原因を説明した後，アレルギー性疾患は環境によって誰に起こってもおかしくないということを押さえ，その子の気持ちを知るなかで，クラス全体でこの問題を考えるよう試みました。

　ここには，大切な視点が含まれています。病気の子どもの疾患を特定のものとするよりも，病気や健康，体と環境の問題として広くとらえ，自分自身の問題としてとらえていくことに意義があるのです。また，病気のマイナス面ばかりを強調するのではなく，自分や環境の意味，友だちや家族の大切さ，人が生きる意味などについて考える機会にすることが重要です。

　ただし，病気の理解教育の場合は，必ずプライバシーの問題が問われます。

　私がドイツの病院学校を訪問した際には，小児ガンの子どもへの理解教育が積極的になされていました。この学校の校長先生が話されていたのは，子どもでも本人にしっかり告知し，そのことを基点に周囲への理解教育を進めていくことでした。注射や点滴などの教材がつくられ，人形や紙芝居などによる授業が行われていました。

　しかし，日本では，告知のうえで難しい問題があります。また，本人自身や保護者が望まない場合は，理解教育は避けなければなりません。本人が納得したうえで，理解教育はなされるべきです。ただ，個別の病気は取り上げなくても，先ほど指摘したような観点から一般的な病気について，理解教育を進めることは可能です。

　また，このようなプライバシーの問題とかかわって，発達障がい児の障がい理解

教育の場合も困難なケースがみられます。境界例も含めて，本人や保護者が望まないケースがあり，対応が難しいという声をよく耳にします。その際には，クラスの他の子どもたちと一緒に，すでに取り上げたような「みんなちがって，みんないい」などの間接的な意味での障がい理解教育を進めたり，肢体不自由や視覚障がい，聴覚障がいなどの「目に見える障がい」を取り上げて障がい理解教育を行うなどの工夫が必要です。

　以上が，さまざまな学校でみられた障がい理解教育の課題と，その課題から導き出された障がい理解教育の5つの原則であり，それぞれの原則にもとづいた授業計画の概要です。
　障がい理解教育に取り組む際には，必ずこの5原則をふまえてほしいと思います。

Column

ドイツの環境教育とからめた授業
薬草と野生の花プログラム

　「体の学習」の授業については，私が関心をもつ環境教育とからめた授業を展開することも可能です。

　以下は，ドイツの取り組み事例ですが，体と薬草等とつなげることで，体を自ら維持・管理する意義や方法を環境問題と関連づけて知ることができます。私は，この内容を精査して，日本の授業づくりに活かしていくつもりです。

a　プログラムの概要

　このドイツの「薬草と野生の花プログラム」は，ホーエンベルク・ブルク・エコロジー教育センターのスザンネ・ボッシュが，2004年度に，さまざまな対象者に対して実施しています。たとえば，バイエルン州マルクトレートビッツの生活援助学校の9人の生徒，マルクレートトビッツの生活援助学校第1クラスと小学校の20人の生徒，施設の障がい者と障がいのない高齢者，バイエルン州ミッテルタイヒの生活援助学校第1クラスと小学校の17～18人の生徒，ミッテルタイヒ生活援助学校第4クラスの5人の生徒を対象に行われています。そのプログラムの前半部の概要は，次のようになっています。

(1)　あらゆる感覚で薬草を体験する

目　　標：さまざまな薬草とその調理への使用，治療効果を知る。
方　　法：感覚でとらえる
時　　間：約1時間
グループ：任意
資　　料：薬草（アサツキ，レビスチクウム，サルビア，ペパーミント，メリッサ），布，写真を貼った缶，サルビアドロップ，ペパーミントドロップ，ペパーミントチューインガム
過　　程：参加者は，まるく囲んで座る。中央の布の上に薬草と同じ薬草の写真を貼った缶が並べられている。

参加者の1人が1つの写真を貼った缶をとりにいき，全員がそのにおいをかぐ。その後，香りで，薬草の1つを分類しようと試みる。その際，繰り返しにおいをかぎ，葉の組織をさわる（サルビアは柔らかく，毛が生えている）。さまざまな薬草の味が同時に試される。

薬草とその調理法：アサツキとペパーミントは，そのまま食べることができる。ペパーミントはペパーミントドロップとチューインガム，サルビアはサルビアドロップを試すことができる。また，アサツキはストローとして用いることができる。

リンゴと薬草のポンチレシピ

- 1リットルのリンゴジュース
- 1個のレモン
- 1束の薬草
- 4時間待つ。

その後，リンゴジュースと水（あるいはドイツシャンペン）でいっぱいにする。

＊ニワトコの花，ペパーミント，レモンメドッサ，わずかのサルビア，わずかのセイヨウノコギリソウで味わう。

ヘラオオバコの咳止めシロップ処方箋

次のようなものを使用
- ヘラオオバコの葉
- 蜂蜜
- ふたのある空き瓶1つ

調合
1. 水洗いしたヘラオオバコの葉を小片に切り分ける。
2. 葉と蜂蜜を交互に空き瓶に入れ満たす。一番上の層は蜂蜜でなければならない。

利用
- 瓶は，次に咳をするときまで，密閉し保管される（3～6カ月でもっともよく熟成する）。
- 蜂蜜が固まるとき，熱湯で液状にすることができるでしょう。
- あなたのヘラオオバコのシロップは，紅茶の甘味料やパンのジャムとして使用される。

＊ヘラオオバコの葉は，飲む前にこす。

(2) 薬草人間

目　　標：さまざまな薬草とその治療効果を知る。
方　　法：遊び的学習
時　　間：約30分
グループ：任意
資　　料：薬草人間（絵図），薬草（サルビア，ペパーミント，キンセンカの花，ヘラオオバコ），布，紙，接着剤，鉛筆

過　　程：参加者は，まるく囲んで座る。中央の布の上には，すでに「あらゆる感覚で薬草を体験する」で話しあわれたさまざまな薬草（ペパーミント，サルビア，ヘラオオバコ，キンセンカの花）が置かれている。さらに，キンセンカの花の塗り薬の壺もセッティングされている。
　　　　　　指導者は，薬草の治療効果について説明し，参加者は，対応する薬草を薬草人間（絵図）の適切な箇所におく。

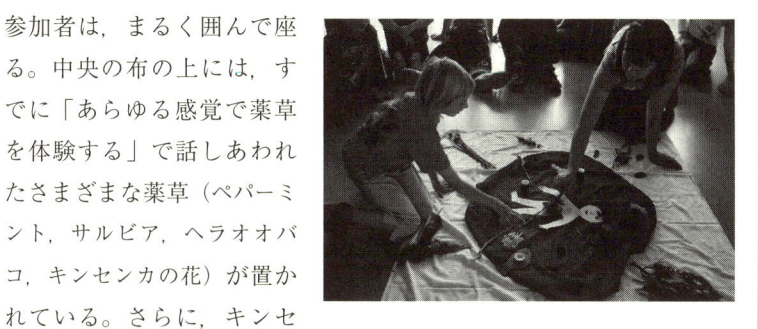

薬草とその治療効果：首すじの痛みには，サルビア，頭痛や胃腸の痛みにはペパーミント，咳や虫刺されにはヘラオオバコ，すり傷・引っ掻き傷・虫刺されにはキンセンカの花

バリエーション：参加者は人間の絵を描き，その該当する箇所に薬草を貼りつける。この活動は，復習に適しており，宿題にすることもできる。

(3) 医者と患者

目　　標：さまざまな薬草とその治療効果を知る。
方　　法：役割遊び
時　　間：約30分
グループ：任意
資　　料：薬草（サルビア，ペパーミント，キンセンカの花，ヘラオオバコ），キンセンカの花の塗り薬，絶縁マット，小机
過　　程：参加者は，まるく囲んで座る。中央の布の上には，すでに取り上げられ，その治療効果を学習しているさまざまな薬草が置かれ，キンセンカの花の塗り薬の壺もセッティングされている。
　　　　　　1人の参加者は，患者の役割を演じて横たわる。もう1人の参加者

コラム　薬草と野生の花のプログラム

> は，医者の役割を演じてどこが痛いか患者に聞く。その医者は，「薬草の庭」に行き，対応する植物をとってきて，患者の適切な箇所にそれを置く。その医者は，患者にもうよくなったかたずねる。その後，役割を交代する。

b　プログラムの特色

　この3つのプログラムについては，次のようなことが指摘できます。

　第一に，テーマのユニークさです。ドイツでは，サルビアドロップやペパーミントドロップ（たとえば Tic-Tac）は子どもたちにとって身近なものであり，薬草が香辛料や治療薬として日常的に使用されています。薬草という素材は，自然と人間とのかかわりを考えるうえで，適切な素材であるといえます。私は以前，障がい児に社会認識・自然認識を培うことについての論稿で，小学校低学年の子どもたちが「物質代謝過程」（たとえば，稲から米，小麦からパンなど）の認識が弱く，そのための取り組みが重要であることを指摘したことがありますが，このプログラムは，薬草のもとになっている草花の葉や花の構造を知ることで，草花の認識をより深めることが可能になります。

　第二に，プログラムにみられたさまざまな感覚器官の活用です。視覚・臭覚・触覚などさまざまな感覚器官をとおして，対象に迫らせようとしています。これは，知的障がい児などへの取り組みにおいて非常に重要な視点といえます。

　第三は，遊びの有効な活用です。たとえば，「薬草人間」の活動では，絵図をもとにし，楽しみながら薬草についてのさまざまな学習が展開されています。これは，キャラクターの人形をつくったり，指導者がぬいぐるみを着ることによって活動を進めることもできます。また，「医者と患者」という役割遊びもユニークです。まさに遊び的学習であり，ポイントが薬草と薬草の治療効果にあるわけですから虚構性に埋没することなく，塗り薬などに本物のキンセンカの花の塗り薬が用いられて本物性も重視されています。

　以上のように，障がいの自己理解の取り組みに環境教育の視点を加えることにより，従来とは異なった授業実践をつくり出すことが可能になります。

環境教育の側面から迫る場合でも，自分の体に着目させ，身近なものとしてとらえることが可能になるといえるでしょう。
　このようにESD（持続可能な開発のための教育）として，環境教育と国際理解教育・平和教育・人権教育・特別支援教育等との関連が問われるなか，障がいの自己理解——体の学習——環境教育と結びついた新たな実践をつくり上げていくことには意義があるのです。

コラム　薬草と野生の花のプログラム

第4章

5原則をふまえた ユニバーサルデザイン についての授業

1 ユニバーサルデザインとユニバーサルスポーツ

　私は，大学の最新の成果を現場に伝えるとともに，学生にとって1カ月の教育実習では不十分ととらえ，1年間以上協力校にサポーターとして入り，遊びや音楽，障がい理解等さまざまな授業を行って，授業分析をし，教師の専門性を培う取り組みを進めています。

　2008年度には，のちに小学校教諭となった3名のゼミ卒業生が障がい理解教育の実践研究を希望し，取り組み状況がまったく異なる小学校でのユニバーサルデザイン，とくにユニバーサルスポーツ（BOCCIA：ボッチャ）（図4-1）に焦点をあてた取り組みを行いました。

　このテーマを設定したのは，私が数年来共同で取り組みを進めているM小学校で，車いすバスケットボールの選手を学校に招いて話を聞き，車いすバスケットボールを体験するという取り組みを行うことを知ったからです。じつは，このようなバリアフリースポーツを取り上げるケースは多く，『24時間テレビ』で紹介されたり，パラリンピックもテレビで放映されたりすることがあります。しかし，このような報道がバリアフリースポーツに限定され，障がいのある人が競技にがんばる感動的な姿に焦点化されるとき，さまざまな障がいの種類・程度の人たちのスポーツがあることや，余暇としてスポーツを楽しむこと，物心の両面にまたがる条件整

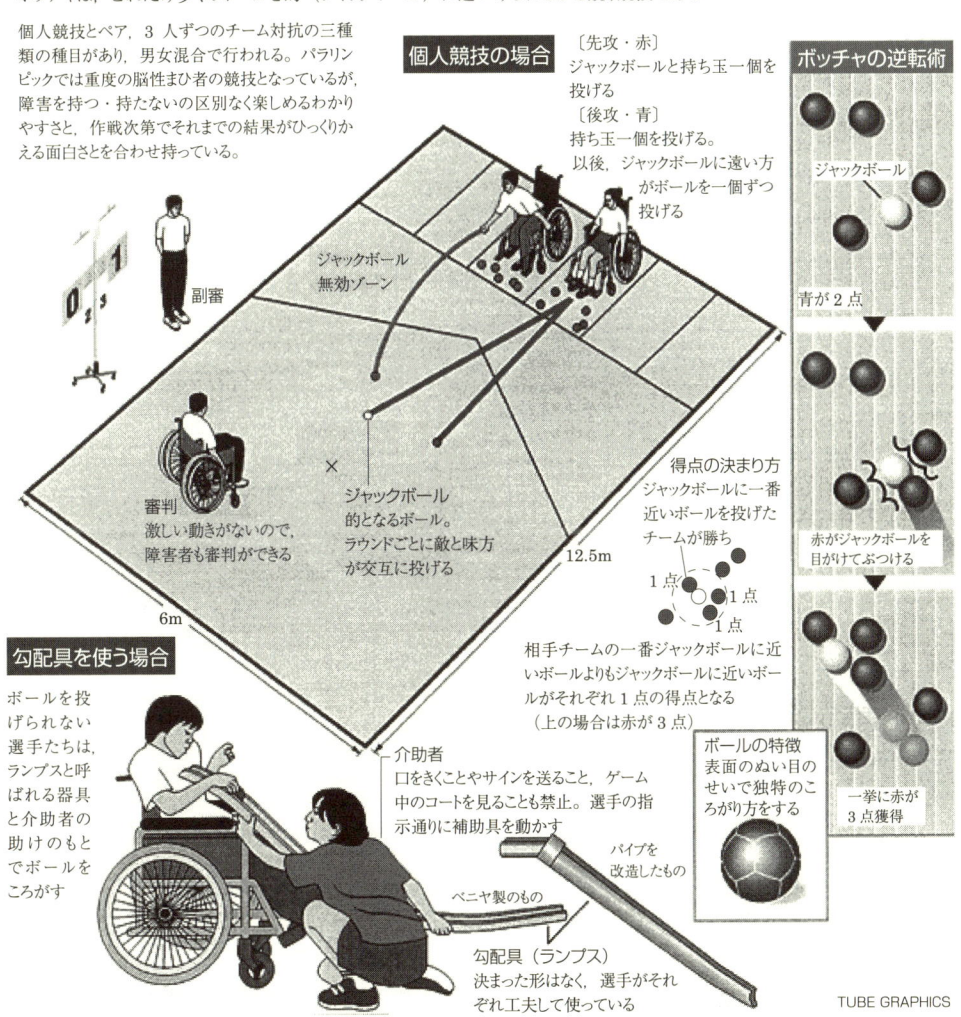

図4-1　BOCCIA：ボッチャとは（日本ボッチャ協会のウェブサイトより）

備等の課題があることが置き去りにされたままになります。そして，何よりもユニバーサルデザインとしてのスポーツの存在やその可能性等について知らされないままに，理解が表象化されてしまう危うさがみられます。感覚的に対象としてとらえてしまうことにより，むしろ特殊な側面のみが強調されてしまうことさえ起こりえます。

このような問題意識から，M小学校にサポーターとして入り込んだ，ゼミ卒業生の新田と協議し，全体計画と指導案をつくり上げていきました。ただし，この学校では障がい理解教育に対する年間の予定が決められており，次のような構想にとどまることになりました。

a　M小学校における授業実践
(1)　単元設定の理由
　1) 児童観
　M小学校の6年生は毎年,「ともにあゆむつどい」*やその他の人権学習で，さまざまな障がい理解教育を受けてきました。しかし,「障がいのある人」を自分と同じ世界に生きる仲間としてとらえたり，自分たちにも関係のある話として聞いたりすることは，どの児童もできているとはいいがたい様子でした。また，児童らが障がい理解の授業で,"答え"のようなものを発表しており，ことばのうえでの理解のみに終わっていることもありました。
　児童らが，自分たちにも関係のあることとしてとらえ，興味をもって「障がい」について考えることができるように，ユニバーサルデザインとユニバーサルスポーツを教材に選びました。
　また，考える時間を与えると，自分とじっくり向きあってまじめに課題に取り組める児童が多いのですが，6年生という最上学年であることからか，授業中にみんなの前で自分の意見を積極的に発表する児童はかぎられていました。そこで，自分から積極的に意見を発表する姿勢を大切にし，すべての児童らが参加できて，児童全体でさまざまな意見を共有できるように，ワークシートを用いた活動を多く取り入れることにしました。
　2) 教材観
　6年生では，本年度の「ともにあゆむつどい」で「もう1つのオリンピック　パラリンピック——車いすバスケットを体験しよう」という題目で，3人の車いすバスケットの選手が招かれ，車いすバスケットの体験が実施されることになりました。
　障がい理解教育では,「障がいのある人もがんばっている」「障がいのある人はすごい」という結論で終わるのではなく，社会的障がいを理解することが必要となります。社会的障がいを理解するためには，障がいのある人を特別視するのではなく，自分たちにも関係のあることとして児童らがとらえることができるように，ユニ

＊ともにあゆむつどい……肢体不自由や視覚障がいの人などを招き，体験談を聞き，質問をするなどして理解を深める取り組み。

バーサルな視点が重要なのです。
　まずは，さまざまな具体例をふまえながら，自分たちも含めたすべての人が使うことのできるユニバーサルデザインについて学習し，その後，児童らが興味のあるものの1つである「スポーツ」に焦点をあて，ユニバーサルなスポーツとはどのようなものかを体験等を含めて学習する計画を立てました。

(2) 単元全体の構想

第1次：「ユニバーサルデザインとは」（1時間）
　　　もっとも有名な例である「シャンプーとリンスの見分け方」から提示し，「ユニバーサルデザインとは，社会に生きるすべての人が便利で使いやすいもの」ということを伝える。障がいのある人や高齢者だけでなく，自分たちにも便利であることを強調するために，さまざまなユニバーサルデザインについて，社会に生きるどんな人たちが便利で，自分たちはどんなときに便利かを考えられるようにする。そして，ユニバーサルデザインがなぜ必要かを考える。

第2次：「ユニバーサル（デザイン）スポーツとは」（1時間）
　　　すべての人のためのデザインであるユニバーサルデザインのスポーツバージョンとして，ユニバーサルスポーツを提示する。ドッジボールをユニバーサルスポーツ化したり，車いすバスケットのルールを考えたり，さまざまなユニバーサルスポーツについて知りながら，ユニバーサルスポーツの必要性について考える。

第3次：「ユニバーサルスポーツを実際にやってみよう」（2時間）
　　　スポーツのよさを考えることで，すべての人がスポーツを楽しむ権利があることや，スポーツをさまざまな人が一緒に行う意義に気づき，ユニバーサルスポーツの必要性を確認する。そしてユニバーサルスポーツの1つであるBOCCIA（ボッチャ）について学習し，実際に行う。

第4次：「バリアフリーと比較しながらユニバーサルデザインやユニバーサルスポーツを振り返り，自分たちがしたいことを考えよう」（2時間）
　　　これまでの授業分析を受けて，弱かったところを補い，まとめる授業である。バリアフリースポーツとユニバーサルスポーツ，バリアフリーとユニバーサルデザインのちがいを明らかにする。また，BOCCIAを実際やってみて，次にやるときに自分たちはどのような人たちとどのようなかたちで行いたいか考える。

(3) 第3次1時間目の授業計画

ねらい：ユニバーサルデザインやユニバーサルスポーツについて見直し，実際にパラリンピックで公式種目になっているBOCCIAを行うことで，ユニバーサルスポーツを楽しむ。

日　　時：11月19日（金）13:55～14:40
対　　象：6年1組の児童
指　導　者：新田沙知
展　　開：

児童の学習活動	指導上の留意点
○ユニバーサルデザイン，ユニバーサルスポーツについて振り返る。 1. 学習して覚えていることを発表する。 2. 2つのことばの定義を確認する。 3. ユニバーサルスポーツのもととなる生涯スポーツの意義を考える。 4. ユニバーサルデザインの7つの原則（本章2節参照）を理解する。	・ユニバーサルデザインやユニバーサルスポーツの例や定義を提示する。 ・ワークシート5を配布する。 ・スポーツには，QOLを高め，体力づくりや健康づくり，地域振興の働きがあることに気づけるようにする。
○ユニバーサルスポーツの1つ，BOCCIAのルールを理解する。 1. BOCCIAルールの説明を聞く。 2. ビデオを見る。 3. ユニバーサルデザインの7原則があてはまっているかどうかを考える。	・BOCCIAのルール説明を書いたワークシート6を配布する。 ・ユニバーサルデザインの7原則を提示する。

ワークシート5：

　　　　　　　スポーツをやっていて，いいことを考えよう

　　　　　　　　　　　　　　　　　　　名前（　　　　　　　）

ワークシート６：（ルール表）

BOCCIAってどんなスポーツ!?
☆誰でもできる（子どもから高齢者まで，男女を問わず，障がいのある人も大丈夫！）
☆ボールを投げても，蹴っても，転がしてもOK！　補助具を使うこともできる
☆重度肢体不自由者のための種目として，パラリンピックでも採用

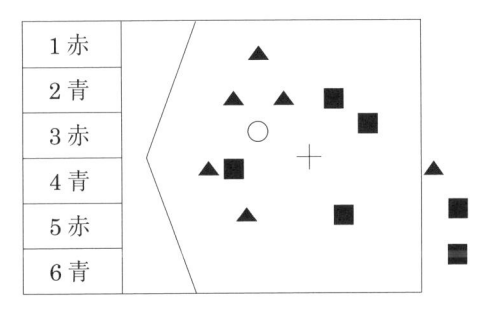

| 1赤 |
| 2青 |
| 3赤 |
| 4青 |
| 5赤 |
| 6青 |

○白（ジャックボール）　▲赤　■青

〔BOCCIAのルール〕
・いずれも１チーム６個のボール（赤または青）をジャックボール（白）に近づけるように投げます。
・投げる順番は，
　①赤チームの１の人がジャックボール（白）を投げます（２ゲーム目は青チームの左端の人が投げて，後は同じ要領）。
　②同じ人が赤ボールを投げます。
　③青チームの誰かが青ボールを投げます。
　④これ以降はジャックボールに遠いほうのチームの誰かが投げます。
　⑤一方のチームの投げるボールがなくなれば，もう一方のチームが連続して投げます。
・ジャックボールや他のボールに当たっても，そのまま続けます。
・ジャックボールがコートの外に出たとき，ジャックボールはクロスの位置に戻ってきます。
・得点は，
　①双方のチームのもっともジャックボールに近いボールを比較し，

どちらが近いかを判定（赤）し，
②ジャックボールに遠かったほうのチーム（青）のジャックボールにいちばん近いボールとジャックボールを結んだ線を半径とし，ジャックボールを中心とした円を描き，
③その円のなかに何個赤ボールがあるかを数えます。その数が得点となります。
④①がまったく等距離のときのみ1対1となります。

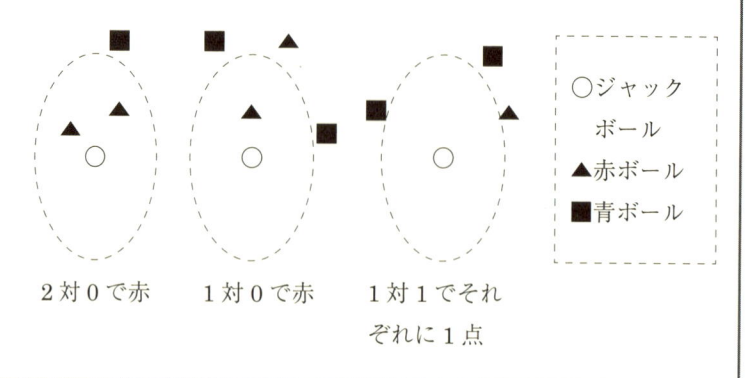

```
2対0で赤    1対0で赤    1対1でそれ
                        ぞれに1点
```

○ジャックボール
▲赤ボール
■青ボール

　この取り組みの途中に，特別支援学級や特別支援学校の児童たちとの交流及び共同学習も計画に組み入れたかったのですが，与えられた時間数の問題もあり，教育実践の展開に限界がみられました。
　一方，K小学校では，先生方の協力が得られ，のちに小学校教諭となったゼミ卒業生の内藤とともに，次のような取り組みをつくり上げることができました。

b　K小学校における授業実践
(1) 単元設定の理由
　K小学校の5年1組の児童は，男子23名・女子17名の計40名のクラスで，5年生は1クラスのみです。何度か2クラスに分かれることがありましたが，小さなときからほとんど同じ仲間と学校生活を一緒にすごしているため，友だちのことを理解し，温かく受け入れられる児童が多いという特徴があります。
　また，自分のことを大切にし，自分に自信をもてる児童も多い一方で，児童Bのように自分に自信がもてず，なかなかクラスに入れない児童もいました。児童Bがいつでもクラスに戻り，みんなの仲間になれるように，担任教諭は普段からク

ラスの児童同士だけでなく，教師と児童との人間関係づくりも徹底して行っていました。たとえば，どんなささいなことでも問題が起こると一つひとつ丁寧に対応し，クラスで向きあって，よいところやがんばっているところなどの気づいたことをすぐにみんなの前でほめるようにしていました。

しかし，本学級には特別支援学級（ひかり学級）に在籍する児童がおらず，障がいがある人に対しての関心が薄かったり，障がいがある人に対しての知識がほとんどない児童も多くいました。

そこで，このクラスで「障がい理解」の授業を行い，児童の障がいがある人に対しての素直なイメージを聞き，そのイメージをプラスに変えることを授業の目的にしました。また，障がいは障がいがある人だけの問題ではなく，自分たちの問題として考えられるように教材を設定し，児童Bのようなクラスの仲間に対しても同じようにクラスの一員として認めあえるような授業をしたいと考えました。なお，全7時間の授業のうち，第2次の1時間目のみ体育の時間，後の授業はすべて総合の時間で授業を行いました。

教材は児童たちが関心をもちやすいスポーツを中心に，今年度行われたオリンピックから話を発展させていきました。パラリンピックやバリアフリー，ユニバーサルデザインなどを説明し，実際にユニバーサルデザインのスポーツであるBOCCIAをクラスのみんなと特別支援学級（ひかり学級）のみんなと行うことで，ユニバーサルデザインのよさを実感させていきます。最後に自分たちでユニバーサルデザインのスポーツを考えることで，自分たちに何ができるかということを理解させたいと思いました。

(2) 授業計画

単　元　名：「障がいのある人と自分たちとスポーツ」
日　　　時：11月17日（月）4時間目
対　　　象：5学1組の児童40名（男子23名・女子17名）
場　　　所：理科室
指　導　者：内藤　恵
指　導　計　画：(全7時間)
　　　　　　第1次：パラリンピックからユニバーサルな考え方へ
　　　　　　　1時間目：自分たちのスポーツとパラリンピック

　　　　　　2時間目：バリアフリーとユニバーサルデザイン
　　　　　　3時間目：ユニバーサルスポーツ「BOCCIA」
　　　　第2次：ユニバーサルスポーツにふれよう
　　　　　　1時間目：ボッチャに挑戦しよう
　　　　　　2時間目：ひかり学級のみんなと一緒にボッチャをしよう
　　　　第3次：ユニバーサルデザインと自分たち
目　　標：・子どもたちに身近なスポーツという観点から，ユニバーサルな考え方を知る。
　　　　　・ユニバーサルな考え方は，障がいのある人だけでなく，自分たちにとっても居心地のよい社会になるということに気づかせる。

1）第1次1時間目の授業計画

ねらい：・パラリンピックについての自分たちが描いているイメージや考えを述べ，まとめる。

展　開：

段階	児童の学習活動	指導者の支援と留意事項	準備物等
導入	1. 自分たちのスポーツについて考える。 ①自分のするスポーツについて ②そのスポーツが好きか ③好きなスポーツについて大人になってもするかどうか 2. 大人になってもスポーツをしている人たちのことを考える。	・指導者の自己紹介からスポーツの話をする。 ・児童に自分がするスポーツをあげさせる。 ・児童が出した答えは，黒板に書く。 ・あがったスポーツについて全員に，「どちらかといえば好き」「どちらかといえば嫌い」のどちらかで手をあげさせる。 ・児童が出した答えは，黒板に書く。 ・「オリンピック選手」ということばが出るように促す。	
展開	3. パラリンピックについて知る。 ①パラリンピックとはどういうものか ②日にち ③競技種目 ④メダル数　など	・今年の夏に行われたオリンピックの話から興味をひきつけ，パラリンピックの話を始めるようにする。 ・パラリンピックについては，どのようなものかを説明する。	

展開		4.パラリンピックについて考える。 ①写真を見て，どのようなイメージをもったか，感想を言う 「障がいがある人もがんばっている」	・オリンピックとパラリンピックの競技種目・メダル数を書いて比較できるようにしたものを，「オリンピック」「パラリンピック」の名前を伏せて提示し，どちらにあてはまるか，児童に考えさせる。 ・できるだけパラリンピックのイメージをプラスにもっていくような表現をする。 ・最初にプロジェクターで画像を流し，その後1枚ずつ考えていくようにする。 ・それぞれについてどんな様子か説明する。 ・なるべく児童に意見を聞き，考えさせるようにする。 ・児童が出した答えを模造紙に書き写す。 ・児童の意見に対し，よい部分はほめながら，さまざまな意見が出るようにする。	・オリンピックとパラリンピックの表 ・パラリンピックの写真 ・プロジェクター ・延長コード ・模造紙 ・マジック
まとめ		4.ワークシートに今日考えた自分の意見を書く。	・机間巡視を行う。 ・ワークシートは回収する。	・ワークシート

ワークシート：

```
┌─────────────────────────────────────┐
│        自分たちのスポーツとパラリンピック        │
│                                                   │
│                         名前（         ）        │
│   ┌─────────────────────────────┐   │
│   │ ★今日の授業について，どう思いますか？       │   │
│   │                                             │   │
│   │                                             │   │
│   │                                             │   │
│   └─────────────────────────────┘   │
└─────────────────────────────────────┘
```

第4章　5原則をふまえたユニバーサルデザインについての授業

2) 第1次2時間目の授業計画

ねらい：・バリアフリーとユニバーサルデザインのちがいを理解し，自分たちの身近にユニバーサルデザインが存在するということを知る。
・ユニバーサルデザインのよさを理解する。

展　開：

段階	児童の学習活動	指導者の支援と留意事項	準備物等
導入	1. 前時の振り返りと障がいがある人が使うものについて考える。 ・点字ブロック ・音の出る信号 ・義足 ・白杖　など	・前回の授業で障がいのある人のスポーツについて考えたことにふれ，今度はその人たちのためにつくられていたり，その人たちが使っているものを何点かあげさせる。 ・児童があげたものは，模造紙に書く。 ・意見が出ない場合は具体的な場所などのヒントを与える。	・模造紙 ・マジック
展開	2. バリアフリーについて考える。 ①バリアフリーとはどんなものか知る ②バリアフリーにはどんなものがあるか考える ・エレベーター ・エスカレーター ・手すり ・スロープ ・多目的トイレ ・空間をつくる　など 3. バリアフリーとユニバーサルデザインのちがいを考える。	・先ほどあげたものについて，「バリアフリー」と呼ぶという意見が児童から出るようにする。 ・バリアフリーとはどんなものか説明する。 ・前回紹介したパラリンピックの競技は，バリアフリーに該当するということを説明する。 ・最初に児童にプリントを配り，5分ほど考えさせる。 ・バリアフリーとユニバーサルデザインの両方の意見が出るようにする。 ・発表させて出た意見は，あえてどちらかに分類しないこととする。 ・児童の意見は，模造紙に書く。	・文字カード「バリアフリー」 ・プリント ・模造紙 ・マジック

展開	①バリアフリーのものは誰が使うか考える	・「障がいがある人が使う」という意見が出たら，「本当にそうか？」「では，あなたたちは絶対に使わないの？？」と児童に問いかけ，"誰でも使える"という考え方になるように促す。	
	②「ユニバーサルデザイン」について知る ・シャンプー，リンス ・牛乳パック ・文字カード「ユニバーサルデザイン」	・"誰でも使える"という意見が出た時点で，身近にあるユニバーサルデザインのものを提示し，「これはバリアフリーか？」ということを児童に考えさせる。 ・「バリアフリーでない」という意見が出たら，「ユニバーサルデザイン」ということばを提示する。 ・ユニバーサルデザインとはどんなものか説明する。	・シャンプー，リンス ・牛乳パック ・文字カード「ユニバーサルデザイン」
	③バリアフリーとユニバーサルデザインのちがいを知る	・児童に考えさせてから，紙芝居でわかりやすく説明する。 ・ユニバーサルデザインのよさについて考えさせる。	・紙芝居「バリアフリーとユニバーサルデザインのちがい」
まとめ	4. ワークシートに今日考えた自分の意見を書く。	・机間巡視を行う。 ・ワークシートは回収する。 ・プリントも回収する。	・ワークシート

ワークシート：

バリアフリーってなんだろう？

　　　　　　　　　　　名前（　　　　　　　　）

★あなたが考えるバリアフリーには，どんなものがありますか？
　知っているだけ書いてみましょう。また，それはどんなところにありますか？

バリアフリーのもの	ある場所

バリアフリーとユニバーサルデザイン

　　　　　　　　　　　　　　　　名前（　　　　　　　）

★今日の授業について，どう思いますか？

K小学校では，M小学校での取り組みが先行するなか，その反省をふまえて授業づくりができたことが大きかったといえます。

以下，この構想のなかで，重要な位置を占める第1次3時間目と第2次2時間目の授業計画を紹介しておきます。

3）第1次3時間目の授業計画

ねらい：	・ユニバーサルスポーツであるBOCCIAの意義を理解し，自分たちにとっても楽しめるスポーツであるということに気づく。				
展　開：	段階	児童の学習活動	指導者の支援と留意事項	準備物等	
	導入	1. 前次の振り返りをする。	・バリアフリーとユニバーサルデザインのちがいについて聞く。 ・前回児童から出た意見がバリアフリーとユニバーサルデザインのどちらにあてはまるか，一緒に考える。	・文字カード「バリアフリー」「ユニバーサルデザイン」	

導入			・バリアフリーやユニバーサルデザインは，児童たちのまわりにもたくさんあること，そしてユニバーサルデザインは児童にとっても便利であるということに気づかせる。	・定義の紙 ・前回児童が出した意見を書いたカード
展開	2.ユニバーサルデザインの7原則を知る。 ①誰でも公平に利用できる ②使ううえで柔軟性に富む ③簡単で直感的に利用できる ④必要な情報が簡単に理解できる ⑤単純なミスが危険につながらない ⑥身体的な負担が少ない ⑦接近して使える寸法や空間になっている 3.ユニバーサルスポーツBOCCIAを知る。 ①BOCCIAのルールを知る ②実際にBOCCIAを行う様子を見る		・ユニバーサルデザインの7原則を提示し，先ほどあげたものを例に出して児童にわかりやすく説明する。 ・次にスポーツについての話題を出し，みんなの好きなスポーツからパラリンピックであげたスポーツの例を1つ出し，この7原則にあてはまっていないことに気づかせる。 ・「じつはユニバーサルデザインの考え方になっているパラリンピックの競技があります。知りたい？」というように興味をもたせる。 ・"ボッチャ"ということばを提示し，BOCCIAのルールについて紙芝居を使ってわかりやすく説明する。 ・実際にBOCCIAのセットを見せて興味をもたせる。	・模造紙「ユニバーサルデザインの7原則」 ・文字カード「ボッチャ」 ・紙芝居「ボッチャってどんなん？」 ・BOCCIAセット
展開			・BOCCIAがユニバーサルスポーツであるなら，それは児童たちにとっても楽しめるスポーツであることに気づかせるようにする。 ・机を後ろに下げ，教師が見本として説明しながら行う。	
まとめ	4.これからの授業について知る。 5.ワークシートに今日考えた自分の意見を書く。		・6時間目に全員でBOCCIA対決をするということを伝える。 ・机間巡視を行う。 ・ワークシートは回収する。	・ワークシート

ワークシート：

> **ユニバーサルスポーツ"ボッチャ"**
>
> 名前（　　　　　　　）
>
> ★今日の授業について，どう思いますか？
>
> ┌─────────────────────────┐
> │   │
> │   │
> │   │
> └─────────────────────────┘

4）第2次1時間目の授業計画

ねらい：・BOCCIAを実際に行い，真剣に楽しむことで自分の体験を通してユニバーサルスポーツのよさを実感する。

展　開：

段階	児童の学習活動	指導者の支援と留意事項	準備物等
導入	1. 体操をする。 2. 本時の説明を聞く。 　①赤組と白組に分かれて並ぶ	・担任教諭の指示に従う。 ・担任教諭が普段の体育の流れで児童の体を動かしてから，BOCCIAの説明に入ることとする。 ・どのようにBOCCIAの試合をしていくかを説明する。 ・質問は最後に受けつけるようにする。	・BOCCIA道具 ・得点表 ・鉛筆2本
展開	3. BOCCIAの試合をする。	・赤組は赤チーム，白組は青チームとする。 ・それぞれのチームを2つに分け，前から順番に3人ずつ対戦していくこととする。 ・見ている児童は応援や一緒に審判をさせるようにする。	・チョーク ・雑巾 ・メジャー

段階	児童の学習活動	指導者の支援と留意事項	準備物等
展開		・最後に2つに分けたグループそれぞれの合計点を合わせて，勝敗を決めることとする。 ・2つに分けたグループにそれぞれ教師がつき，得点は教師が判断するようにする。	
まとめ	4. 今日のまとめをする。	・感想を聞く。 ・次はひかり学級の児童と一緒にBOCCIAをするということを伝える。	

5）第2次2時間目の授業計画

ねらい：・ひかり学級の児童と一緒にBOCCIAをし，BOCCIAがどんな人にとっても楽しめるスポーツであるということを実感する。

展　開：

段階	児童の学習活動	指導者の支援と留意事項	準備物等
導入	1. はじまりのあいさつをする。 2. ひかり学級の自己紹介をする。 3. ルールの説明を聞く	・担任教諭の指示に従う。 ・あらかじめ決められた児童が司会を務める。 ・どのようにBOCCIAの試合をしていくか説明する。	・BOCCIA道具 ・得点表
展開	4. BOCCIAの試合をする。	・赤組は赤チーム，白組は青チームとする。 ・それぞれのチームを2つに分け，前から順番に3人ずつ対戦していくこととする。 ・見ている児童は応援や一緒に審判をさせるようにする。 ・最後に2つに分けたグループそれぞれの合計点を合わせて，勝敗を決めることとする。 ・2つに分けたグループにそれぞれ教師がつき，得点は教師が判断するようにする。	・得点票 ・マジック ・テープ ・メジャー
まとめ	5. 今日のまとめをする。	・感想を聞く。	

ワークシート：

ひかり学級との交流会をとおして……

名前（　　　　　　　）

ひかり学級のみんなとボッチャをしたときのことを思い出して，思いつくだけ自由に感想を書きましょう♪♪

☆考えるヒント☆
★自分たちだけでボッチャをしたときと，交流会のときでは感想にちがいはありますか？
★交流会をとおして，何か学んだこと・うまくいったことなどはありますか？
★交流会のなかで，失敗したことやうまくいかなかったことなどはありますか？

6）第2次2時間目についての児童の感想

感想は，本時の授業が行われた後の12月9日（火）の1時間目に約5分時間をとって書かれました。この感想から，児童が授業から何を学んだかがわかります。

群	児童の感想	人数
ひかり学級の人も思ったより上手だった	①ひかり学級と一緒にボッチャをできて楽しかったです。思ったより上手だったのでびっくりしました。 ②ひかり学級の子が意外に上手でびっくりしました。最初は負けたけど，次の試合で勝ててうれしかったです。前にやったときより楽しかったです。 ③ひかり学級の人もうまかった。またやりたいです。 ④ひかり学級の人も上手だったのでびっくりしました。ボールを蹴ったりしていた人がいたので，少し残念でした。けれど，みんなで協力しました。また，ひかり学級のみんなとボッチャなどしてみたいです。楽しかったです。 ⑤ひかり学級のみんなと一緒にボッチャができてよかった。ひかり学級のみんなはボッチャをするのが初めてなのにボッチャがとても上手だった。 ⑥5－1とやったときよりひかり学級の人がいたほうが楽しかった。ひかり学級の人も上手だった。ひかり学級の人も楽しそうにやっててよかった。また一緒にやりたいな〜と思った。 ⑦ひかり学級の人としてすごく楽しかったです。うまかったです。もう一度みんなと一緒にやりたいです。 ⑧ひかり学級とやってすごーく楽しかった！　私より上手な子がいてビックリしました。すごくチームワークがよくて，ひかりから来てくれたKくんが上手だったので，優勝ができてでうれしかったです。またやりたいので，楽しみにしています。 ⑨自分たちだけでボッチャをやったとき，こんな難しいのひかり学級の子たちができるん？　と思ったけど，いざひかり学級の人とやると，私たちよりも上手でした。2回やったうち，どちらも両方勝ちました。ひかり学級のチームのKくんも喜んでいました。私も，勝ってうれしかったです。とっても楽しかったです。また交流会をしたいです。 ⑩ひかり学級とボッチャをして楽しかったです。ひかり学級の子たちは私よりもずっとずっと上手でした。ひかり学級と交流をして学んだことは，友だちと力を合わせると，楽しくなるということだと思いました。	11

	⑪ひかり学級の人と一緒にボッチャをしたときは，楽しかったです。みんなが上手でびっくりしました。また一緒にやりたいです。	
5年生だけのときよりも楽しかった	⑫40人でやったときよりも交流会のときのほうが楽しかった。みんなで仲よくできてよかった。 ⑬5年生だけでやったときより交流会のほうが楽しかったです。交流会でひかり学級の子とたくさんしゃべれず，友だちになれなかったことがうまくいかなかったことと思いました。また，ひかり学級の人とやってみたいです。 ⑭自分たちだけでしたときも楽しかったけれど，ひかり学級の人たちと交流会をしたときは人数が増えてもっと楽しくなりました。 ⑮5年1組の人たちだけでやったときよりも，ひかり学級の人たちとやったほうが人数が多かったので楽しかったです。でも，人数が多かったからできなかったときがあったのは残念でした。またひかり学級の人たちとやりたいです。 ⑯自分たちのボッチャのときはちょっとだけ楽しかったけど，交流会のときはすごく楽しかったです。交流会の対戦のとき初めは負けたけど，次に勝ったのでうれしかったです。初めの勝負で負けてくやしかったので，次は勝つぞーという気持ちでやったら勝てたからうれしかった。 ⑰ひかり学級の人たちにやり方などを教えてあげた。人数が増えたから楽しかった。あまりひかりの人と遊ばないのでまたやりたいです。 ⑱5－1だけでやっても楽しかったけど，交流会をしてもっと楽しかった。もう1回やりたいなぁと思った。みんなとやってめっちゃおもろかった。もう1回交流会をしたい。 ⑲ひかり学級と交流したとき人数が少し増えたから楽しかった。ジャックボールにひっついてるボールをはじき出そうとして思いっきり投げたら，あと数センチ右にそれたのでくやしかった。でもすごく楽しかったから，またやってみたいです。 ⑳自分たちでしたときより緊張したし，楽しかったような気がします。でも，フォローをしたりするのは，自分たちだけのほうが少なかったです。 ㉑ひかり学級の子とあんまりしゃべられなかった。ひかりの子はボッチャがうまかった。5年生だけでやるよりひかりの子も一緒にやるほうが盛り上がった。楽しく仲よくできてよかった。	11

上記以外で楽しかった・仲よくなった	㉒最初，自分たちだけでやったとき，みんなが「どんまい」や「ナイス」と言ってくれたからうれしかった。そして，交流会の日はひかり学級の子も「どんまい」や「弱く投げてみいや」というアドバイスや「いいよいいよ，気にしないで」と言ってもらえたからうれしかった。友だちになれたような気がした。またしたいです。本当に楽しかったし，うれしかったです。 ㉓ひかり学級の子たちと仲よくできた気がしました。最初はなれていなかったので心配だったけど，だんだんなれていって心配がなくなって楽しくできました。何かのきっかけで仲よくできるということを学んだ。 ㉔私は初めてボッチャをしたから，何をすればいいかわからなかったけど，だんだんルールがわかってきてよかったです。チームのみんなが協力して精いっぱいがんばれたので，うれしかったです。それにボールをころがすのがうまくいってよかったです。 ㉕全敗したけど，ひかり学級とやって楽しかったです。でも全敗はくやしかったです。今度やるとしたら，全勝したいです。負けてくやしいけど，今度ひかり学級と一緒にやるのなら，勝ちたいです。 ㉖ボッチャは障がいがある人でもできるので，ひかり学級の人もちゃんとできていて楽しかったです。私のチームは負けてしまったけれど，とてもいい思い出になりました。またひかり学級の人と交流したいです。 ㉗とてもおもしろかった。2戦とも勝利してうれしかった。ひかり学級の子たちが失敗しても励まされた。 ㉘交流会をして，全然けんかがなくてよかったです。ひかり学級の人とは話もあんまりしないし遊ばないけど，ボッチャをして遊べて，少しだけど話ができてうれしかったです。また交流会をしたいです。 ㉙ひかり学級と交流してちょっと仲よくなれたかな？　と思いました。ボッチャは1回しか投げられなかったのはいやだったけど楽しかったです。 ㉚普段はあまりひかり学級と遊ばないのに，ボッチャで遊べてうれしかったです。 ㉛ボッチャをひかり学級のみんなとやりました。チームはKくんのところでした。2勝0敗でした。うれしかったです。1位だったからうれしかったです。	13
ユニバーサルスポーツを実感した	㉜初めてボッチャを知ったときは「難しそう」と思ったけど，やっていくうちになれてきた。ボッチャはどんな人でもできるユニバーサルスポーツだなぁと思った。	6

ユニバーサルスポーツを実感した	㉝ぼくは，5年生だけで初めてボッチャをやったときより，ひかり学級の人が入ってくれたときのほうが楽しいと思いました。あと，ユニバーサルデザインのスポーツは誰でも平等に遊べるということがよくわかりました。だから，できればいろいろな人とまたボッチャをしてみたいです。	6
	㉞ひかり学級の人が言うことを聞かなかったときもあったけど，みんな楽しく遊べたのでよかった。これを機会にひかり学級の人と仲よくできそう。ボッチャは本当に誰でもできる遊びとわかった。これからもまた遊びたい。	
	㉟ひかり学級とやってちょっと楽しかった。全員が公平にできるスポーツがあったことを学んだ。1勝1敗だったけど1回でも勝ててよかった。	
	㊱ボールをころがしてちがうボールにあてるのがむずかしかった。めっちゃ楽しかった。初めてやったけどルールがわかりやすかったから，やりやすくて楽しかった。ひかり学級のみんなとボッチャをして楽しかった。	
	㊲すっごく楽しかったです。またボールなどをつくって教室で静かにやりたいです。体育のときにまたやりたいです。力の入れ具合いの調節には，いい運動になると思いました。ユニバーサルデザインの内容を理解できました。	
その他	㊳ひかり学級の人たちとボッチャをしたけど，ほかにもちがう遊びをまたしたいです。	1

計38名：残り2名は欠席や遅刻のため感想なし

　以上のBOCCIAの取り組みは，すでにふれた5つの原則をふまえたものとなっています。

2　ユニバーサルデザインの本質

　現在，障がい理解教育にとどまらず，さまざまな指導領域でバリアフリーとユニバーサルデザインについての授業が行われています。

　しかし，ユニバーサルデザインの商品を紹介し，障がいのある人だけでなく高齢者や妊婦の人も使えると強調しても，本質が理解できず頭だけで理解しているケースも多いのが実情です。

　これは，教師自身がユニバーサルデザインの本質を十分に理解していないために

子どもたちの心に響かないのです。

　このような状況を変えるためには，ユニバーサルデザインの本質をふまえ，それをやさしくかみ砕いて伝えることが重要です。

　ユニバーサルデザインは，自身が肢体不自由者であるノースカロライナ州立大学のロナルド・メイスが，バリアフリーの状況を根本的に変えるために最初に提起したものです。メイスは，

①公平性（Equitable Use）　　誰にでも公平に使用可能で不利にならないこと
②自由度（Flexibility in Use）　　使ううえでのフレキシビリティがあること
③単純性（Simple and Intuitive Use）　　簡単で直感的にわかりやすい使用方法
④情報理解性（Perceptible Information）　　必要な情報的な要素が即理解可能
⑤安全性（Tolerance for Error）　　デザインが原因となる危険性や事故発生が皆無
⑥省体力性（Low Physical Effort）　　使用するときに無理な姿勢や余計な体力が不必要
⑦空間確保性（Size and for Approach and Use）　　接近性や大きさや空間の広さが十分に有効

の7原則を示しています。

　この7原則をメイスの写真とともに子どもに提示すると，ユニバーサルデザインの重要性やバリアフリーとのちがいについて新鮮にうつります。

　ただし，この原則を最初に提示してからユニバーサルデザインの具体的中身に入るのか，最初と最後の両方に提示して最後のディスカッションで深めるのか，教育内容の順序性が問われます。

　また，どのようなユニバーサルデザインの素材を取り上げるかも重要なポイントです（たとえば，マグネットコンセントやシャンプーの凹凸，引き出しいすつきキッチン等）。

　前述の事例のBOCCIAは，すべての子どもたちが活動に参加できるという点で，ユニバーサルデザインについて理解を深めることができる格好の素材です。K小学校の実践では，特別支援学級の子どもと通常の学級の子どもが各々練習に励み（とくに特別支援学級の練習に力を入れつつ），その成果をもとに，BOCCIAの試合に参加し，お互いが認めあいながら取り組みがなされています。それが，先のK小学校

の感想にもあらわれていました。ゲームを楽しみながらともに認めあうことが，ユニバーサルデザインのスポーツであるからこそ，実現できているといえるでしょう。

　この取り組みは，さらに地域の大会にまで拡大することもできます。現在，バスケットボールやサッカー等，地域の小学校・中学校の競技大会が開かれていますが，特別なニーズのある子どもたちが排除されていることも多くあります。あるいは，参加した場合でも，特別な配慮のもとのバリアフリーの対応にとどまっています。地域によって，障がい理解教育の取り組みをすすめ，ユニバーサルスポーツのBOCCIAの大会を開き，すべての子どもたちが参加し，スポーツに必要なチームワーク等さまざまな側面をともに競いあう大会が開かれないかとも思います。

　以上の一連の障がい理解教育の取り組みには，教員養成の意義も含まれています。それは，この授業実践に取り組んだ学生による以下のことばに集約されています。

　「本研究の授業分析をとおして授業の難しさと魅力を感じることができた。本研究をとおして学んだことは，私が小学校教員になった際，活かせるものだと確信している。今後も，多くの先生方との討議を積み重ねたうえで，障がい理解教育の授業実践・分析を積極的に行っていきたい」

第5章

障がい理解教育の授業の実際
―― 実践の検討と指導案の修正

　第5章では，第3章の障がい理解教育に必要な5原則をふまえた「通常の学級と特別支援学級の授業実践」と「通常の学校と特別支援学校の授業実践」を紹介していきます。

　これらの授業実践は，特別専攻科の学生（現職教諭）としてゼミに所属した金澤教諭と西澤教諭とともに取り組んだもので，実態把握（Assessment）―授業計画（Plan）―授業実施（Do）―授業分析（Check）―再授業計画（Replan）（APDCR）のリサイクル過程にもとづきながら，私が考案した「総合的質的分析」により障がい理解教育の授業を検討・分析してとりまとめたものです。さらに，その結果導き出された修正点をふまえ，修正指導案を提示するとともに，私自身の総括的コメントもつけています。

　これら2つの授業実践は，そのプロセスを含めて，障がい理解教育に取り組む際には大いに参考になると思います。

1　授業実践1「うれしいときってどんなとき」「裏山の竹林を使って遊ぼう」

a　障がい理解教育の授業を行うにあたって

　今回，障がい理解教育の授業を行ったT小学校（現在の勤務校ではない学校）は，通常の学級が1学年2学級，特別支援学級が2学級あり，児童数は330人です。

学校敷地内の校舎裏側に山があり，休み時間の遊びスペースとしてや，理科や生活科などで観察の場所などとして活用されています。

校内研究として，2年前から「伝えあう力を高め，望ましい人間関係を築ける子ども」というテーマで国語科の研究に取り組み始めました。また学校教育の目標は，「豊かな心をもち，たくましく生きぬく力をもつ児童の育成に努める」をあげ，めざす子どもの姿として「子どもの瞳輝く，活気のある学校」とし，よく考えてすすんで学ぶ子ども，思いやりのあるやさしい子ども，健康・安全な生活を送り楽しく運動する子ども，をめざして取り組んでいます。

その小学校の5年R組と特別支援学級2クラスとの授業計画を立てました。

b　授業の実践にあたって

遊びスペースや教科等での観察の場として活用している，学校敷地内の山の一画には竹藪もあります。しかし，その竹藪は竹の子採りの遊び場としてや，七夕集会のときの笹飾り用としてしか用いられてきませんでした。

今回の授業では，運動会の組立体操のときに扱った竹太鼓とも関連させながら，この竹藪から得た材料を用いて，竹を使った簡単な遊びを計画しました。遊びといっても，もちろん単なる遊びや工作ではなく，障がい理解教育の一環として取り組みます。

特別支援学級児童と通常の学級の5年R組の児童たち双方に，自らつくり出すことや自然の資源を利用すること，また双方が同じものを使いながら，交流して遊びを考えることをとおしてお互いに理解を深める機会になることを意図しました。そして，このことにより，自分たちが他学級や学校内の児童にその遊びを提供するという自負を生み，今後の環境教育への視点も盛り込んでいけるのではないかと考えました。

特別支援学級と5年生の交流活動の取り組みのなかで，お互いの理解や肯定的評価が得られるように，また，共同の活動場面とともに誰もが乗り越えるべき壁があることや，誰もが友だちとともにがんばることが大切であることを考えられる授業としました。そのことは，広い意味での「障がい」に対する考え方のベースになり，障がい理解教育の根幹になると考えて取り組みました。

c 授業計画

対　　象：5年R組と特別支援学級2クラスの児童
目　　標：・特別支援学級児童と通常の学級の児童と交流して制作することをとおして，お互いの理解を深める。
　　　　　・交流するなかで，個々の様子を知り，よりよいかかわりができるようにする。
　　　　　・自分たちの学校に，自分たちの手でつくったものを提供できることの喜びを感じることができるようになる。
　　　　　・自然や環境について考えるきっかけにする。
　　　　　・困難や壁は誰もが直面し，それを乗り越えようとすることに値打ちがあり，まわりの人の支えでよりがんばる気持ちがわくことを考える。
設定理由：児童たちの病気や障がいなどのとらえ方は，「かわいそう」「自分とはちがう」というように，自分自身から離れた存在であるという意識でいることが多い。たしかに，まったく同化して考えることは難しいが，自分自身に近づけて共感しながら考えることは可能である。
　　　　　自分自身に近づけた考えをもつために，まずは自分の「得意なこと」，そして"同じように"どんな友だちにも「得意なこと」があることを知ってもらいたい。そして逆に，やりたいのに「できないこと」「困ったこと」，それを「乗り越えるために」考えたことや助けてもらったことを振り返り，そのときの「思い・気持ち」を考え，それはみんなの共通する苦悩や喜びであることを考えさせていく。
　　　　　さらに，そういった困難や壁は，病気や障がいなどがある友だち（人）にとっても同じであり，それに対してがんばる姿や乗り越えたときの喜び，そのときの手助けや応援は，病気や障がいなどに立ち向かっていく際に大きな力になることであり，「誰しもがもつ共通の想い」であることを押さえさせたい。「励まされて・助けられて」「友と一緒に」がんばること，乗り越えることは，喜びがより大きく共通のものであるということを考える授業にしていきたい。
　　　　　これは，「障がい」観にかかわるとらえ方である。「障がい」を「広い意味での障がい」と「狭い意味での障がい」に分けてとらえたとき，「広い意味での障がい」は，人にとっての「困難・壁・山」などであり，すべての人が直面する事象である。また一方で，「狭い意味での障がい」は，障がいのある人の「機能的・能力的」な障がいである。狭い意味での障がいがあるゆえに，壁が大きくなることがあるが，すべての人が，「広い意味での障

がい」に向かうときに，1人よりもみんなと一緒のほうが，がんばれたり乗り越えやすかったりすることを考える契機となる授業とする。そのことが，障がいに対して特別視しない自然なかかわりや援助へとつながるものと考える。

また，その「障がい」となる壁は，それを乗り越えることで成長へとつながること，必要なものであること，そして，それに立ち向かう自らの姿勢などとあわせて，クラスの状況なども振り返らせたい，と願う授業づくりの計画をした。

児童たちには，事前にアンケートを実施して，調査結果を整理しておいた。とくに5年R組の学級と交流している特別支援学級の児童には，授業の意図やみんなで一緒に乗り越え，がんばる仲間づくりのなかの学習であることなどを事前に話しあった。また，保護者にも説明して理解を求め，がんばっていることや乗り越えようとしていることなどについて，本人や家族の人たちのがんばりを取材して，授業のなかで取り上げることを了解してもらっておいた。

指導計画：

次・時数	学習内容	備考
第1次（2時間） アンケート 話しあい学習 感想	「うれしいときってどんなとき」 　友だちと一緒にがんばることや乗り越えることは，誰もがうれしいことを考える。	事前のアンケート 提示・例示資料 感想用紙
第2次（4時間） 班決め 計画，材料等選定	前時の振り返りをして，今回は特別支援学級と5年R組の合同の学習活動であることを確認する。班分けと各班での材料や用具等の選定と計画	グループ決め 材料，道具等の収集，選定および計画など
交流・共同活動 制作 各班の遊びの交流 感想	「裏山の竹材を使って遊ぼう」 　使える材料やできる内容などをあわせて考えて，遊び方を考えたり，つくったり，工夫して組み合わせたりしながら，楽しい遊びを考えてみよう。 　つくった遊びを交流しよう。 　交流学習の感想を交流する。	特別支援学級児童の意向を積極的に反映できるような，教師のことばかけや問い返しのなかで制作や協力を促す。 感想用紙
第3次（1時間） 他クラス全校への発信や提供について考える。	全校へのお披露目・発信について全校へ知らせるための相談や資料づくりなどの感想や意見を出しあう。	

(1) 第1次の授業計画

単 元 名：「うれしいときってどんなとき」
日　　時：10月12日　1・2時間目（8：50～10：25）
対　　象：5学年R組の児童34名・T学級（特別支援学級）の児童1名
場　　所：5年R組教室
ねらい：誰もが同じように，励まされて助けてもらうとうれしいことなどに気づき，友だちを応援しながら，自分の目標や友だちの目標に向かってお互いに支えあい，一緒にがんばろうとする意欲をもつ。

展　　開：

学習活動	教師の支援など	備考
①自分の得意なことについて振り返りながら，友だちの得意なことについて目を向ける。 ②友だちの得意なことについて考える。 ③まわりの人の得意なことやすばらしいところについて考える。	・事前のアンケートをいくつかのまとまりごとに把握し，整理しながら，指名したり提示したりする。 ・種類や程度の差はあっても，得意だったり好きだったり，上手なことなどは，それぞれにあることを押さえる。	（全体） （班）→（全体）へ アンケート結果をまとめた表の提示
④困ったときのこと，うまくできないときのことについて振り返る。 ・そのときの気持ち ・乗り越えようとするときの気持ちや方法について ・うれしいこと ⑤誰もが共通して，得意なこと，苦労やうまくできないこと，乗り越えるときにうれしいことなどが，同じようにあることについて考える。	・乗り越えるうれしさや，まわりの援助や声かけの大事さについて，切り返しの投げかけをすることで，誰もが応援や援助があると大きな力になることを考える。 ＊事前に相談しておいた事柄を，みんなと共通であるという中身を重点に披露し，本クラスの交流学級のE児童に，発表場面を設定する。	（全体）→（班）→（全体） 個人発表（E児を含む） アンケート結果をまとめた表の提示
⑥乗り越えるべき「壁」についての必要性や，がんばるエネルギーはどんなことがあるかについて考える。	・「壁」を乗り越えることで，成長があったり自分のなかで変わっていったりすることについて考え，「壁」の存在は大事なことであることを考える。	（全体） 「発達過程」の図

	⑦著名人や病気や障がいなどの場合も，やはり喜びや苦労やがんばりなどがあり，また，まわりの支えがあることなど，みんなと一緒の共通な思いがあることを考える。 ＊トム・クルーズ氏の講演内容より ＊清水宏保氏のインタビュー内容より ＊パラリンピック選手たちの様子より ＊ドラゴンズ石井投手	・みんなの知っている有名な人のなかにも，病気や障がいなどをかかえながらも活躍していることを紹介しながら，誰もがいろいろな目標に対してまわりの支えがあって乗り越えていることを知らせる。 ・乗り越える壁が，病気や障がいゆえに，高くなってしまうことを考え，チャレンジする壁の大きさや，それにのぞむ姿はすばらしいことを押さえる。	（全体） 「実物投影機」で，写真なども拡大して例示する。 既提示の「発達過程の図」を利用しながら障がいによる「壁」について説明する。
	⑧自分一人ではがんばりきれないことを互いに励ましあい，目標や苦労を分かちあいながら歩むことはすばらしいことで，力が出ることを考える。		
	⑨自分のやりたいことや目標を出しあう。 ・友だちの目標に対して自分はどんなことができそうかについても考える。	・自分の目標などを披露・交換するなどで，友だちの思いと共有させて，今後につなげる。 ・出にくいときはアンケートをもとに指名または披露。 ・アンケートの「してもらいたいこと」であげられた内容などを紹介や提示する。	（全体） 個人発表
	⑩学習の感想を書く	・授業で受けた思いをつかむ。	感想用紙

(2) 第2次の授業計画

単 元 名：「裏山の竹材を使って遊ぼう」
対　　象：5年R組の児童34名，T・W学級（特別支援学級）の児童5名
日時・場所：〇制作前の相談・準備
　　　　　　10月15・22日　2時間目（9：40〜10：25）
　　　　　　5年R組教室・裏山の竹藪
　　　　　〇共同，制作活動
　　　　　　10月25日　3・4時間目（10：40〜12：15）
　　　　　　プレイルーム2F・3F
　　　　　〇共同，制作活動，交流・遊び

　　　　　　2007年10月25日　第5校時（13：50～14：35）
　　　　　　プレイルーム2F・3F
　　　　○まとめ・振り返り
　　　　　　2007年10月26日　第3校時（10：40～11：25）
　　　　　　5年R組教室
ね ら い：○特別支援学級児童
　　　　・身近な裏山から材料を得てつくり出せる喜びを味わう。
　　　　・共同でつくる楽しみを感じたり会話を楽しんだりして，交流を深める。
　　　　・自分の思いを出しながら，制作活動ができる。
　　　　○通常の学級の児童
　　　　・特別支援学級の友だちと制作活動をとおして，交流したり会話したりする。
　　　　・一緒に活動することで，知らなかった○○ちゃん像を発見し，今後の交流へつなげる。
　　　　・裏山の竹を使うことでつくり出すことの喜びと，自然や環境について目を向ける。

展　　開：

学習活動	教師の支援など	備考
①制作前の確認 　メンバー，制作の物，準備物　など	・制作物，準備物等の確認と友だちとの共同作業のなかでがんばることを確認する。 ・前時の学習の得意なことを振り返りながら，できることの分担や協力，励ましなどが楽しさのなかに大切なことであることを振り返る。	
②制作活動1	・特別支援学級児童が班のなかで活躍できる場面を援助しながら，5年生児童とかかわって計画や制作に取り組めるように，机間指導する。 ・特別支援学級児童とのかかわりのよさがあれば，大いにほめ，他の児童間に広める。 ・教師もよいかかわりや援助の仕方を示しながら，児童のモデル的行動を示す。	
③中間 　まとめ	・制作活動のなかでがんばれたこと，よかったことを振り返る。 　＊友だち同士のかかわりあいや声かけなどについて振り返る。 　＊特別支援学級の友だちとのやりとりでの発見や気づきについて。 ・困っていることがあれば出し，グループ間でアドバイスできることがあればアドバイスしあう。 ・注意点を指摘したり，確認したりする。	
④制作活動2	・他班に提供することも意識づけたまとめ方になるようにも助言する。	

第5章　障がい理解教育の授業の実際

⑤交流遊び	・他班同士と遊びの交流をする。 ・制作班で同じ班であった特別支援学級児童以外の子どもとふれあえる機会を促す。	
⑤感想	・制作活動や遊び活動のなかでがんばれたこと，よかったことをひと言，感想を児童や指導者側から話す。 ＊友だち同士のかかわりあいや声かけなどについて振り返る。 ＊特別支援学級の友だちとのやりとりでの発見や気づきについて取り上げたい。	
⑥まとめ	・制作活動や遊び活動のなかでがんばれたこと，よかったことを交流する（友だち同士のかかわりあいや声かけなどについて振り返って，特別支援学級の友だちとのやりとりでの発見や気づきについて取り上げる）。	

＊第3次への他クラス校内への発信についての内容や形式については，遊びの状態やでき上がった物や児童たちの感想・意見を考慮し，判断しながら提案または相談していくこととする。

d　授業の様子──「うれしいときってどんなとき」

(1)　得意なことは？　うまくいかないことは？──アンケートより

　得意なことなどの事前アンケートを想起させながら，得意なことの問いかけをすると，少し照れが入ってはいましたが，和やかに授業が始まりました。

　班同士や隣同士で話が交わされ，友だちの得意なことの紹介が始まりました。アンケートに書かれていたものをまとめた用紙を貼り出し，該当する人が挙手をする方法で読み上げていくなか，友だちがどのような得意なことで手をあげているのか，その挙手が誰なのか，ということをお互いに注目していました。

　うまくいかなかったことについては，指導者は自身の経験からピアノやギターの演奏の例を話し，児童はゲームでクリアできないこと，プラモデルづくりでうまくできずに壊れてしまったこと，跳び箱で頭から落ちてしまうこと，野球でヒットが打てないことなどの意見が出されました。アンケートの結果を書いた用紙を貼り出し，各項目を読み上げて挙手を促していきました。人前での発表，大きな声を出すこと，縄跳び，ジェットコースターに乗ること，サッカー……。手をあげている様子をお互い気にしながら見ていました。

　「うまくいかないことやうまくいかなかったとき，どうしているの？」という問いかけに出てきたのが，「人を見たりして……」「真似をする」「本を見る」「ひたす

らがんばる」「とりあえずがんばる」「寝て気持ちを切り替える」などでした。

そして,「できなかったのに,がんばって練習して『できた！』っていうこと」をたずね,そのときの気持ちはどうだったかを質問しました。「やったー」「うれしい」「楽しい」という児童からの返答がありました。さらに「教えてくれる人はすごいなあ〜」「ありがとう」などの発言がなされました。また,「運動会の組体操の技をできなかったのに,2人でがんばって練習してできるようになって2人で喜びあった」というアンケートの児童の記述を指導者が紹介しました。そして,指導者の経験を交えながら,「1人では,なかなかできなくてわからないことも,人や友だちに教えてもらったり一緒にしてもらうってことで乗り越えられたり,できるようになる。そしてそのことはとてもうれしいことである」ということを話しました。

それから,発達の階段状の図を描きながら提示しました。「グラフ」とか「階段」とか「マンション」「教会」「ドア」「大人の階段」等の声があがりました。「これは,【壁】で,この【壁】について,次に考えてみよう」と予告をしながら,休憩に入りました。

休憩の後,前時の振り返りをしながら,得意なことは上手さのレベルの問題ではないことを確認したうえで,得意なことは誰もがあるのと同時に,苦手なこと・うまくいかないこと・困ってしまうことも誰にもあり,そして,うまくいかなかったことができたということも皆経験していることを確認しました。

「うれしかったという自分の経験を紹介してくれませんか？」との指導者の問いに,このクラスと交流している特別支援学級（知的障がい）児童Eが挙手をし,次のようなやりとりをしました。

E「サッカークラブでやってたとき,ちゃんと蹴ってたのに,上級生に『ちゃんと蹴れや！』と言われ,友だちが『一緒に練習しよ』って言って一緒に練習してくれてうれしかった」

T「今は何か練習してる？」

E「（サッカー）もっとうまくなりたい。野球をおじいちゃんと練習してる」

T「これも,同じように友だちと一緒にやりたいと思ってるの？」

E「そう」

T「E君みたいに一緒にやってもらえてうれしかったとか,声をかけてくれてうれしかったという経験は,他にもないですか？」との問いに続けて,

A「けなされてばっかりやもん」と声が上がりました。

第5章　障がい理解教育の授業の実際

T「そうなん？　それは、はっぱをかけて『がんばれ』って言ってるのではないの？」

　A「そうかもしれんけどな……」

　その後、前時に予告した【壁】について考えていきました。

(2) 【壁】について考える

　「【壁】って、『がんばらなあかんな』ってことも壁になる。そして、がんばること＝壁、という他に、壁って『困難』も壁ってことではないか？　壁をちがうことばで言い換えると、他にも『バリヤー』とか『障がい』とか『乗り越える』とかがある」と話し、乗り越えることについて例を出しながら説明をしました。その途中で、「(そういうの)あった」とか、うなずいたりする様子がみられました。

　そのなかで、「『1人で』というのと、『誰かと』『クラスのみんなと』とのちがい、『1人』と『友だちと一緒に』とのちがいは何かな？」との問いかけに対して、児童から「うれしいのが2倍になる」「『みんなでよかったな』と言える」と発言がされました。

　そこで、「病気とか障がいとかある人、不自由なことがある人にとっては、この壁はどうなるんだろう？」ということを、W学級（肢体不自由）の友だちのことも例に出しながら考えさせていきました。

　人それぞれ壁に出会う「時期」や「種類」のちがいや、「辛さ」「数」などのちがいを板書の壁の高さや進み具合を書き換えながら説明し、誰もが壁があることを確認しました。

　すると、Rが「ない人ってむっちゃ完璧やん」と発言します。Tは「壁のない人。そうやな、もし、壁がなかったら？」とたずね、Rの「苦労知らん」というやりと

りが出てきました。それを受けて，Tの「困難や障がいや苦労がなかったら，どうなるんだろう？」という問いかけに，「大人になったら困る」「会社とかに行ったときとか，上の人から『これできてないやん』とか言われたら，すぐやめたりする」「生活するときに，買い物とか計算とかできないかも」「すぐだまされたりするかもしれない」「いつかは苦労や壁が来るんやから，今からちゃんとやっとかんとできなくなる」といった発言が続きます。

　そして，「苦労を知らないと，人のこともわからないかもしれないな」と指導者がつけ足して話すと，「じこちゅう（自己中心的）になってくる」とRが発言しました。指導者は，「みんな（友だち）のことを知っていくのにも，壁は大事なことになってくるね」とつけ加えました。

(3) 壁に向かう姿を紹介する

　実物投影器を用いて教室のテレビに写真を映し出しながら，トム・クルーズさんや清水宏保さんの【壁】への取り組みや，まわりの人たちと一緒にがんばってきたことを講演やインタビュー等の内容を交えて紹介しました。またパラリンピックの競技の写真などを見せながら授業を進めました。

　Nの「そんなんやったら，僕しいひん（しない）」という発言に，「そしたら何もせんと，じっとしとくんか？」との切り返しに，「ん……」と考え込んでいました。

(4) 自分の目標に対して期待することを考える

　自分たちのこれからの目標について考えることに視点を変えました。

　「一緒に練習してもらいたい」「『一緒にやろう』って言ってもらえたらいいな」「誘ってもらったらうれしい」「カバーしてもらえたらうれしい」「手伝ってもらったらうれしい」「コツを教えてもらいたい」などをアンケートから紹介して，「友だちに，人に対して，自分が何をできるのかを考えていけるといいね」と締めくくり，感想を書いてもらいました（後日，その感想を皆の前で紹介しながら，今日の学習を振り返りました）。

e　授業を振り返って

(1) 障がい理解の学習において――「うれしいしいときってどんなとき」

　授業をいくつかの局面に分けて，総合的質的分析により授業分析を進めました。本授業実践の目標に迫るための構成上の問題や教材上の問題，教師の指導性の問題などが明らかになりました。

1）展開・構成上の問題

　全体的に，指導者が語り説明する場面が多い授業となりました。展開のなかで，班や隣の席の人と話す場面は若干ありましたが，効率的に話しあいが進んだとはいえず，話す「目当て」やその後の発表の「課題」などを明確にした小グループでの話しあいの設定があるとよかったと思いました。思いを書いてもらう場面などを，展開上に配置する工夫も入れると，指導者主導の説明に偏らず，展開上の変化をもたせることにもつながります。

　そして，時間的には内容が盛りだくさんで，結果，かたちだけとらえて次局面へ進んでしまっていました。そのこともあって，各局面でねらいや意図，話しあいに深まりが欠けた原因になったこともあると思います。単元全体として振り返っても，短時間のなかに多くの内容を詰め込みすぎていました。内容を絞り，一つひとつに時間をかけて丁寧に取り組む必要がありました。次回は，急がずに時数的に確保して取り組んでいきたい。そのためには，特別支援学級の児童一人ひとりの交流学習に割く時間などの調整が必要であり，学年始めの年間計画段階からの考慮が必要になってきます。

　また，「得意な面」「不得意な面」をあげただけでは，「人にはいろいろある」＝障がいのある人も同じように，「得意・不得意がある」という一般的な考えに陥ってしまう可能性もあります。「上手くいかない」→「これの対処」→「それ（上手くいかないこと）が誰にもある障がいととらえられる」という障がいの概念の肯定観へとつなげられなければなりません。そういった面が，分断されたり重複されたりした無駄がありました。【壁】の意味を考えることを展開上整理すれば，1つの場面に集約できて，時間もかけられます。

　学習後の取り扱いも希薄になっていました。本授業の後に，児童が書いた感想を共同活動までに紹介する時間をとっていますが，結果的には，紹介して児童に投げかけるだけで終わってしまっています。感想に対する意見を交流する授業などの展開や積み上げが，障がい理解や人権学習などの気持ちや意識を広げたり変えたりする学習では大切になってきます。指導者がどのように，この問題や感想などの事例を取り上げたかという姿勢を示すことにもなり，感想の交流や提示は，授業とあわせて重要なものとなります。

2）教材の提示についての問題点

　事前にアンケートをとったことで，児童たちの意識や思いを少しでも把握できた

ことは，授業の組み立てのなかで参考にできました。しかし，書かれた項目を整理して提示しただけで終わってしまっています。アンケートのなかから授業に取り上げていける「友だちと一緒」という部分のエピソードについて，事前にコンタクトをとって中味を詳しく把握し，授業のなかでの発言に結びつけられるような活かし方を工夫しておくと，深まった議論や感想に結びつけられたと思います。個別にもう少し内容を深く知っておくと，授業で取り上げて引き出しやすいと考えます。Eとの事前の聞き取りの内容についても，Eの言う内容について相手の児童にも話を聞いておくなど，もう少し突っ込んで考えることができます。事前にこれまでの児童の経験や行動，考え方，つながりなどをよくつかんでいることが重要です。

「乗り越えることの値打ち」に，児童の視点が向いてしまいがちになっていました。「一緒に」「ともに」励ましたり歩んでいったりしていく精神や，「乗り越えようとする過程」への視点がやや弱い展開になっています。それは，取り上げた例が成功体験であることが，1つの原因としてあると思います。「失敗したが，まわりの支えがうれしかった」ということや，「失敗したが，乗り越えようとがんばった経験が自分の力になっている」という例が1つ紹介できると，視点がそこにも向けられることになります。そういう例の発掘が課題となります。

例示する際に写真などでその人の顔を見ながら話ができたことは，たとえ映画スターやテレビで見る人のことであっても，大事な側面になります。具体性をもってイメージしながら考えられる手助けになっています。

しかし，提示の仕方に工夫が加えられると，なおよかったと思います。提示の仕方を含め，配置や見やすさなどの詳細な計画が必要です。さらに，今回の内容を精選すればポイントを絞れるので，じっくり考える機会がもてたと思います。

最後に，まとめの終局での振り返りで，【壁】の意義や成長にとって大切であるという，【壁】の意味を押さえる場面（板書による）が抜け落ちていました。そうした展開の工夫のなかで，発達の壁の提示をからめて提示するなど，自然な流れをつくり出せるような方法の模索が必要でした。

3）指導性の問題

指導者のことばの吟味という点において，児童への発問は補助発問・核となる発問など，計画のなかでことばの吟味や言い方を事前にしっかりと検討しておかなければなりません。そうしたことが，「流れをつくる」という側面を担っている重要な部分なのです。それが今回，やや曖昧に終わっていました。

また，発言者への評価は重要です。たとえば，Eの発言から，見方や考え方を示す「○○ということに気がつくところがすごい」という評価の仕方や提示，ことばかけが必要です。その視点を与えることが指導者の役目であり，授業を変え，児童たちの見方や考え方を広めることにつながります。そのことを指導者自身がしっかり理解し，日々の授業に向かう必要があります。

　本授業では，授業全体としてのねらいは意識しながらも，各授業局面でのねらいが明確さに欠けていました。かたちだけで次へと展開させてしまった結果となっています。事前のアンケートを読み取ったうえで，十分な計画が練れなかったことが課題です。

　友だちの思いを知るということにつなげ，個々の「ニーズを知る」という重要な立場に立つということは，障がい理解につながる重要なポイントです。そのためには，本時の目標に掲げたことを，より具体化した目標を設定することで，授業のなかで意識されやすくなっていきます。

　4）今後の課題

　児童たちは授業後に，壁を乗り越えるためにがんばろうとすることの値打ちをよく考えた感想や，友だちと一緒に乗り越えるというところに視点を置いた感想を数多く書いていました。あわせて，「誰にでも苦手なことがある。苦労がある。壁がある」「障がいがあっても目標をもつことでがんばれるんだ」という感想がいくつも出てきています。そのことは，成果として考えられます。しかし，あくまで一定の「壁」「困難」というものに対しての考え方であって，児童の意識のなかでは，成功を阻む「障がい」ということでとどまっています。

　それは，「壁」の意味を考えることが弱かったためといえます。障がいや壁が「自分を成長させるプラス」の要素であることをじっくり考えさせることによって，「障がいのある人はどうか？」というところへ迫っていけます。すると，「障がい≒壁」が高いことは，そのチャレンジの精神はより尊ぶべきことだし，結果ではなく，乗り越えようとする姿は，自分への成長をより大きなものにするものであるという考え方に近づけることができるのです。同時に，「壁」や社会的「困難」という，「障がい」についての学習を積み上げていくなかで培われていくものもあろうと考えます。

　児童の素直な感想の1つとして，「障がいがあるのにスポーツに出るなんてすごいと思いました」，または「僕は何も障がいがないから，障がいのある人の苦労は

わからないけれど、僕にもいろいろな苦手なことがあります。障がいのある人は、その障がいを乗り越えながら生きているからすごいと思いました」というものがありました。この「障がいがあるのに『すごい』」ととらえることに対して、「障がいを特別視しない」ととらえることにどう迫るのかも課題の1つです。

(2) 共同活動において――「裏山の竹材を使って遊ぼう」

　当初の計画段階では、特別支援学級と通常の学級の児童の共同学習の場面も十分な時間をとる計画でした。その展開の計画では、共通のものを共同でつくる学習として竹ぼうきづくりを計画し、全グループが同じものをつくり、作業の分担や共同に集中させるというものでした。竹ぼうきづくりは比較的大きなものなので、共同しやすいというメリットを考えました。ともすれば、共同活動は障がいのない子どもが中心になりやすいきらいがあります。そこである程度、決められたものを教師の側で活動化し、共同の活動も組み込んでしっかりと声をかけあい、障がいのない子どもに「待つ」ことの重要性などを伝えることに力点を置いた学習計画として、竹ぼうきづくりを考え始めた経過がありました。

　しかし、計画段階中に出された授業時間数の確保などの問題点があげられ、あわせて指導者の確保の難しさが出ました。実際の子どもの動きや本学級の子どもの実態に関する生徒指導上の問題・課題や、特別支援学級の児童とのかかわり方の浅さの問題などで、特別支援学級担任の先生との話しあいをして方向転換をしました。

　年度途中からの計画で年間計画以外のことであり、先述の共通体験と、全校への紹介・発信と環境教育をも視野に入れた取り組みである竹ぼうきづくりに着手できなかったのは残念な一面でした。しかし、目標は、つくることがではなく、共同の学習のなかで障がい理解や人間理解の意義を見出すことです。よって、おもちゃづくりを共同学習場面に設定しました。

　ものづくりにおいては、山からの運び出しの段階から、特別支援学級と通常の学級の児童の共同作業として行えました。素材調達からかかわることで、ものづくりへの思い入れや重みが大きくなる1つだと考えました。その裏

竹藪での材料集め

山の竹を使ってのおもちゃづくりには，竹ぽっくりづくりや的当て，カーリング遊びなど，いくつかに集約しながら，希望のグループで制作し，後にそれぞれのつくったもので交流遊びすることになりました。

　共同活動のなかで，特別支援学級の児童は，同じグループになった通常の学級の児童からの誘いかけと「待つ」姿勢によって，それぞれが活躍できる絵を描く場面やアイディアを出す場面，楽しく遊ぶ場面などがあり，楽しく学習参加できました。

　学習後の児童の発言のなかに，特別支援学級のT（2年生）に対して，Fが「アイディアをいっぱい出してくれて，おもしろいのがつくれた」と話し，特別支援学級のH（3年生）に対して，Tは「一緒に模様や絵を描いて楽しかった」と話していました。「もっと一緒に遊びたい」という発言も何人もの児童から出ていました。そのことから，遊びだけを交流するのでなく，共同作業やつくり出すことから学習をともにすることの重要性がうかがわれる，1つの取り組みであると考えられます。

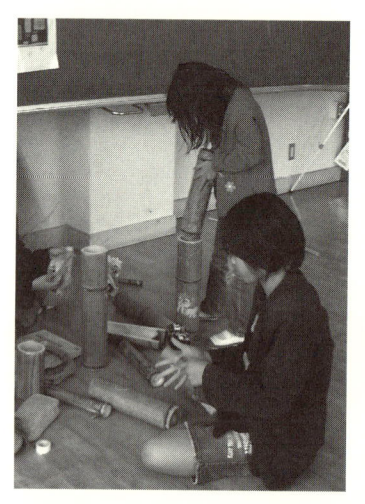

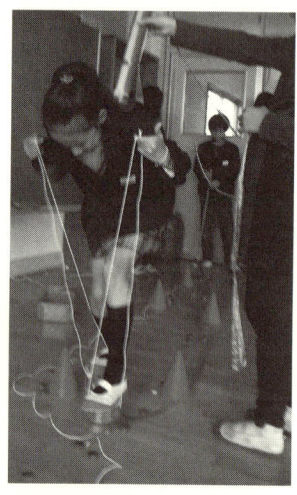

竹の塔づくり

竹ボックリ遊び

竹によるボーリング遊び

障がい理解教育のなかで，遊び場面での交流の場面設定に終わらず，つくり出す過程から共同活動を含む取り組みや，大きな流れのなかでの共同学習が果たす役割は大きいといえます。年度当初や学年，学校の学習の一環として仕組まれることは，大きな意味をもち，大きな成果があると考えられます。そして，理解を深めて，考える学習とリンクするなかで，障がい理解が広まり深まっていくと考えられます。

しかし，こういった共同学習に向かうためには，十分な準備と活動の明確な設定がなければ，共同の活動がみえてきません。また，特別支援学級の児童の個々の課題を明確にすることも大切です。

f 修正指導案

以上のような分析をふまえ，修正の指導計画・指導案の一部を例として以下に示します。

＜修正点＞
- 授業目標の具体化・明確化をはかるとともに，授業展開のなかで分断されていた内容の統合や改善。
- 学習構成，学習展開上の内容の精選と提示教材および板書の工夫。
- 授業の感想の活用やじっくり考え，意見を交流する時間・話しあい活動の充実。
- 共同学習の時間をたっぷりとるとともに，学習過程での交流の時間を大切にする。
- アンケートや感想等から分析を入れる時間を，各授業と授業のあいだに設けて，次時の授業やまとめの時間に向かえるようにする。
- 指導体制（人員）の充実と弾力的な学習計画・展開の可能性を含ませる。

(1) 指導計画の修正案（全21時間）

次・時数	学習内容	備考
第1次（4時間） 理解学習 ・事前アンケート（1時間） ・理解学習（3時間）	「うれしいときってどんなとき」 ・アンケート ・友だちと一緒にがんばることや乗り越えることは，誰もがうれしいということを考える。 ・「うれしい」をめざして，友だちやまわりの人々に対して，自分たちができることを考える。	事前のアンケート

第2次（3時間） 交流・共同学習 ・竹を使っての制作物について調べる（2時間） ・制作物，グループ等の話しあいや決定各班の遊びの交流感想（1時間）	「裏山の竹でつくろう」 　つくれるものを調べよう 　　・竹ぼうきづくり→（全校紹介への可能性） 　　・竹馬など遊び道具 　　・竹食器　など 特別支援学級と5年生合同の学習活動であることを確認する。	作りたいものアンケート集約 制作物決定とグループ決め 特別支援学級児童の意向の反映について考慮した制作物と班（グルーピング）
第3次（10時間） 交流・共同学習 制作活動 計画（2時間）・準備（3時間）・制作（4時間）・感想（1時間）	計画および制作に向けての具体的な計画，および制作 　　設計図づくり，および準備物等の確認 　　材料等の準備 　　制作	各班の見取りと援助 （指導体制・人員の充実を含む） 例）竹ぼうきづくりに対する外部指導者等援助が必要か
第4次（4時間） 制作発表・交流（1時間）・全校への発信等（3時間）・感想（1時間）	各グループがお互いの制作した物の発表・交流 全校へのお披露目・発信などについて 　　全校へ知らせるための相談や資料づくりなど，感想を出しあう。まとめる。	発信の仕方，つくったものでの展開により，以後の時間数は若干変化もあり

　本修正計画では，第2次・第3次で，制作活動の交流・共同学習という計画を示しました。しかし，交流・共同学習の可能性としては，制作活動だけでなく，今回の「竹」を題材にするならば，「そうめん流し」の活動を計画できるでしょう。あるいは，第1次のまとめ段階に，竹を縦半分に割ったもの（そうめん流しのようなかたち）を利用して，個々の「願いごと」を流す（カプセルに入れて転がす）などの活動につなげ，その個々の願い・思いやニーズなどを特別支援学級や通常の学級の仲間全体の共通のものとして共有して，これからの生活に活かしていけるような学習を組み入れる，というように児童の実態や展開にあわせて考えることも可能と思います。

　また，総合的な学習の長期の取り組みとして，交流及び共同学習を含みながら，子どもたちに「トトロのトンネル」や「山姥の家」と言い継がれている場所だけでなく，裏山全体をみて，「裏山探検マップづくり」として，裏山の四季の移り変わりや木や草の種類，実の落ちているところを調べたり，遊びスポットなどを調べたりまとめたりする学習活動につなげて展開させる構想も考えられます。また，それを全校への発信などにもからめていけると思います。

(2) 第1次（「うれしいときってどんなとき」）の授業計画の修正案
　1）第1次2時間目

ねらい：・自分にも友だちにも，誰もがある「得意なこと」を考えることをとおして，得意になってきた経過を考えることができる。
　　　　・自分にも友だちにも，誰もがある「苦手なこと」に対して，それにどう向きあってきたのかを考えることをとおして，「乗り越える値打ち」や「成長のための壁として苦手なことの克服の過程」があるということがわかる。
　　　　・友だちの応援や助けがあると，がんばろうとする気持ちが強くなることがわかる。

展　　開：

学習活動	教師の支援など	備考
①得意なことについて考える。 ・得意なことの発表 ・どうして得意になってきたか ・友だちの得意な面を知っていることを出す	・事前のアンケートをもとに鍵になりそうな内容の何人かには，詳しく状況や思いなどを聞いておき，発表につなげておくとよい。 ・得意になった，得意だと思う事柄だけでなく，そのようになった経緯について問いながら話せるように促す。 ・得意になった自分や得意になるまでの経緯を振り返り，今どのように思うかも話させたい。 ・できるだけたくさんの具体例やそれに共通する体験を交えながら，誰にもある，共通事項として得意なことを位置づける。 ・程度の差にこだわらないように，話しあいに意識を置く。 ・後の不得意面での展開でも自由に話せる雰囲気をつくるため，多くの児童にスポットを当てて和やかな雰囲気のなかで進められるようにしたい。	アンケート集約 アンケートをもとに個別の得意なことの一覧表を用意してもよい。

		・友だちの得意なことを出した児童には，「よく友だちのよいことに気がついてみているね」という賞賛と，「そのことを見たり知ったりして，自分はどう思っているのか」と加えて発言するように促す。 ・できなかった（苦手だった）けど，がんばってできるようになったという事柄から次の展開へつなげたい。そして，今そのことについてどう思っているのかを話させたい。	
	②上手くいかないこと，苦手なこと（不得意なこと）について考える。 ・そのときの気持ち ・失敗に終わった後の気持ち（できない今の気持ち） ・苦手なことがなかったら，「壁」を経験しなかったら，どうなっているのかを考える。	・誰もが上手くいかないで，苦手に思うことがあることを押さえ，上手くいかないこと・苦手なことは，成長過程で誰もが「壁」として経験することであることを押さえる。 ・なるべく多くの事柄や児童の事例を取り上げることで，誰もが「壁」を体験するということを感じることにつなげる。 ・上手くいかなくても，がんばってよかったという事柄が取り上げられるとよい。 ・上手くいかないときにどうしたか。また，誰かにどうにかしてほしいという気持ちがあったか，振り返ることをとおして，乗り越えることの方法や手助けがあると「うれしい」ことを考える。 ・Eが発言する機会へとつなげ，励ましや一緒にがんばってくれる仲間が大きな力となって，「乗り越える」ことにつながることを考える。 ・今ある自分は，成功体験ばかりでは成長してきていないことを考え，「壁」が成長をもたらす大きな要因の1つであることを押さえるとともに，障がいがあっても誰もがそうであることを押さえる。	「壁」と「発達過程」の階段状の図を示し，不得意にからめて説明する。 児童と「成長の壁」などの命名をするなどす チャレンジド・ピープル

	↓	
	・障がいがあると，チャレンジへの過程「壁」の大きさとともに，立ち向かう力，元気も大きく必要で，乗り越えたときの精神的な成長も大きいことを押さえながら，自分たちのチャレンジとまわりの友だち・人などの支援者の協力にもつなげて押さえる。	
③感想を書く	・学習の感想を書く。	振り返りの感想用紙

2）第1次3時間目

ねらい：障がいや病気を乗り越えた人の様子から，乗り越える姿勢やまわりの人の支えの大きさについて考えることができる。

展　開：

学習活動	教師の支援など	備考
①前時の振り返り ・「壁」（「困難」「障がい」）は，誰にでもあること，必要なこと。 ・「壁」が高いほど，挑戦するための力も強いものが必要で，値打ちも大きい。	・前時の感想をもとに「壁」について振り返りながら，自分たちの成長にとって，「壁」「困難」「障がい」はプラスであり，なくてはならないものであることを押さえる。 ・障がいのある人は「壁」が高くなることにもふれ，挑戦する意義や乗り越えようとする姿や乗り越えた後の成長について考える場面をもつ。	前時の感想 「壁」の階段状の「成長過程」の図示
②障がいや病気などのなかで，「壁」に立ち向かう姿を知る。 ・トム・クルーズさん ・ドラゴンズ石井投手 ・パラリンピック選手 感想を出しあう	・障がいや病気があっても，自分たちと一緒で，やってみたい，できるようになりたいという思いをもっていること，まわりの支えがあること，まわりの支えがあるとうれしいこと，そして支えがあるとできることが増えてうれしいことが増えることを押さえる。 ・少年野球や仲間との遊び等の自分たちの体験にも近づけて話が展開できるようにする。	実物投影機 紹介者の写真 トム・クルーズ氏の講演内容 NHKの教材ビデオ（石井投手）が入手できるとよい

	・鏡文字などの読み書き障がいなど，外見で見てわかる障がいと外見からはわからない障がいがあることについてもふれる。	
	・パラリンピックの競技やルール内容を調べることを促したり，障がい者スポーツにかぎらず，ルールを変えたりすることで，自分たちも異学年での交流の遊びやゲームなどで楽しめることにふれる。	障がい者スポーツ 異学年交流の遊びについて
③学習の感想		感想用紙
＊指導提示の人物は成功例に偏っているので，できれば，乗り越えられた成功体験ではなくても，振り返ってみるとチャレンジした行動が，すばらしい体験や自分の宝になって自分に大きな力を与えている，というような人物や身近な人を，1つ教材化して導入することが望ましいと考えている。		

　この学習の後に，または次時の後に，障がい者スポーツやルールを変えた遊びやゲームなどを調べたり考えたりする学習活動を組み込むこともできます。自分たちで調べたり，既存の遊びなどのルール変更を考えたりしながら，遊びやゲームをつくり出すことによって，異学年交流や特別支援学級または特別支援学校との交流のなかに活かしていけます。

　3) 第1次4時間目

ねらい：うれしいことを増やすために，クラスの友だちやまわりの人たちに対して，自分たちができることを考えることができる。

展　開：

学習活動	教師の支援など	備考
①前時の振り返り	・感想をもとに前時の振り返りをする。	前時の感想「壁」の階段状の「成長過程」の図示
②自分（たち）にできることを考える 　・クラスの友だちに 　・まわりの人に 　・下級生に 　・家の人に 　・町で出会う人に　など	・自分（たち）ができることがあるとうれしいことが増える・広がることをもとに，何ができるのかを具体的な場面や事柄をあげて数多く考える。そのことをベースに，これからの場面で，具体的にどのようなことができるのかを実際の態度・行動面へつなげられる。	班活動のなかで相談させたり，そのときに（本時までに，KJ法を利用した他の学習場面での経験が必要だが），KJ法などを用いることも有効

		・アンケートや発言前時までの学習をもとに，クラスの友だちの得意なことの一覧表や用意苦手なことの一覧表を用意してもよい。 ↓ （展開のなかで，クラスのなかの「友だち，先生，この人に聞け」などとして使う。これはまた，友だちがどんなときに不得意で心配してしまうのかを助けるためのメニューボードとして使える可能性もある） ・学校の特別支援学級の友だちに対して，自分たちができることなどにもふれたい。	模造紙 メモ用紙 セロテープ 色マジック 　　　　など
	③学習の感想を書く	＊感想は，後に児童に紹介する機会をもつ	振り返りの感想用紙

g　コメント

　この取り組みは，特別支援学級の児童と通常の学級の児童との障がい理解教育の取り組みです。特別支援学校との取り組みと比べると，かかわる児童が同じ学校の仲間であるので，通常の学級での共同学習や生活指導，行事などで，日常的な交流がみられる点にちがいがあります。こういった日常的な交流が不十分であれば，逆に無理解を拡大する危険性をはらんでいます。

　ですから，この取り組みの目標は，学校内外の日常的交流に置かれなければなりません。指導者は，この取り組みの指導案を検討する際も，この点を強調していました。以前，実施された七夕の笹かざりの取り組みでも，同様に強調していました。

　今回，押さえたポイントは，自然な交流につなげるために，障がいを自分たちの問題としてとらえさせること，プラスイメージでとらえさせることでした。通常の学級の児童が特別支援学級の仲間の児童を"対象"としてとらえてしまい，「してあげる存在」「自分たちより劣っている存在」ととらえてしまっているような状況を何とか変えていく必要があります。しかし，このような視点は押さえられていても，取り組みにいくつか課題がみられました。

(1)　授業にかかわる教師メンバーの共通理解

　まずは，かかわる教師集団を見通した計画・対応の問題です。この取り組みでは，

先生とクラス担任などとの連携の課題が随所にみられました。

　まず，スーパーバイザーである私と協議した計画が予定通りに進んでいません。私は，学校・学級は「いきもの」であり，その状況は日々刻々と変わるため，柔軟な対応が求められるという考えをもっていますが，この取り組みでは，クラス担任などとのあいだに意識のズレがあり，取り組み姿勢にちがいがありました。協議時間はあっても，障がい理解教育の考え方に対する共通理解がもてていなかったといえます。私は，障がい理解教育の対象は子どもたちだけではない，教師（集団）も対象であることを強調しています（第2章2節参照）。子どもの取り組みを進めながら，同時並行的に教師集団（最初はかかわる教師だけでもよい）による学習会のようなものを開く必要がありました。特別支援教育関係者で対応ができなければ，研究者や巡回相談員などから適任者を招くこともできると思います。このような障がい理解教育の取り組みを行う際は，時間数を確保できなくても，一つひとつの取り組みの中身を吟味し，可能なかぎりの共通理解のもと，教師集団がチームとして機能する必要があります。

(2) 特別なニーズのある子どもへの配慮

　障がい理解教育を展開する場合，交流及び共同学習のみならず，障がいに関する知識を学ぶ学習の際にも，特別なニーズのある子どもが通常の学級に入り込むケースがあります。その際には，その特別なニーズのある子どもの発達段階をふまえた，内容の具体化や教材の準備，発問の工夫，集団や活動の組織化が必要となります。この取り組みの指導案の場合も，その子どもの状態や配慮内容などについて記述した別欄を設けると，特別なニーズのある子どもへの迫り方がはっきりします。障がい理解教育には，特別なニーズのある子ども自身の障がい理解教育も含まれます（第3章5節の原則5「障がい児の本人理解を進めよう！」）ので，そのためにも，計画段階からの配慮の検討が必要なのです。

(3) 授業内容に関する課題

　得意・不得意の内容に続く「壁」についての内容ですが，すでに第3章2節でもふれたように，これは，障がい・発達のとらえ直しにあたります。すなわち，第3章で述べたように，発達段階を理解させる取り組みは，ちがいを際立たせる問題を含んでいます。ここで取り上げるべきことは，「壁」を乗り越えて発達する（成長する）ことや，心や知識，行動（感情・認知・行動が総合的に〔人格面で〕）が発達する（成長する）ことなのです。この取り組みでは，「壁」を乗り越える重要性につい

て述べながらも，子どもたちは十分に理解することができていません。私がこの授業をビデオで見て，教師自身がこの内容になじんでいないため，発問の不十分さがみられると思いました。具体例をあげ，班学習をうまく活用しながら，内容をかみ砕いて理解させる必要があります。

　また，裏山の竹藪を利用した竹素材のおもちゃづくりの交流・共同活動は，すでにあるもので遊ぶのではなく，一緒に遊ぶためのものをつくるという意味で，この取り組みのおもしろさがあります。共通の目標に向かうということ，助けあって自分たちが楽しむものを自分たちの手でつくり上げるということ，その成果をともに遊ぶというかたちで享受することで，互いの理解が深まるという意義があります。

　ただし，この取り組みも，竹素材の遊びのおもちゃを子どもたちすべてがつくるうえでの難しさ，おもちゃをつくるうえでの共同活動の組織化の難しさの検討が不可欠です。このような細かな作業とは逆に，却下になった竹ぼうきづくりを難しいととらえるのではなく，素材を運ぶなどの大きな活動を含んだ共同活動を組織しやすいものととらえることで，教材の位置づけが変わります。また，竹ぼうきづくりの場合には，校内や地域社会の清掃など，社会的貢献を視野に入れた取り組みにつなげることができます。そうめん流しのかたちを利用した「願いごとのカプセル流し」を含め，さまざまな授業を模索する必要があります。

(4) 授業論の視座からの検討

　私は，かねてから，障がい理解教育を授業論の視座からとらえ直す必要性について述べています。教師が陥りやすい問題に，この取り組みでもみられる内容の詰め込みすぎがあります。内容が多すぎれば当然，教師中心の説明型の授業になってしまいます。そうなれば，子どもの主体的活動を引き出すことができなくなります。また，特別なニーズのある子どもが通常の学級に入り込んだ授業を考えれば，そのような教師中心の長いフレーズによる説明では，彼らの学習を保障することができず，参加者でなくて"お客さん"にしてしまうこともありえます。

　さらに，教師の指導性において，発問の吟味や班学習を含めた集団の組織化が不可欠です。特別なニーズのある子どもを含んだ授業を組織する場合は，目標・ねらいの各活動にそった具体化が求められます。たとえば，ペアあるいは複数による共同学習を組織する場合は，特別なニーズのある子どもと誰とをペアに組ませるか，どのように共同を促す教材を組み込むか，その際に担当する教師はどのような声かけをするか，などの検討が求められます。このような丁寧な取り組みは，障がいの

ない子どもにとっても意義があり，ユニバーサルな授業の視点であるといえるのです。

2 授業実践2「養護学校小学部と交流しよう」

a 障がい理解教育の授業を行うにあたって

　私の勤務する養護学校では，養護学校児童生徒が居住地校に出向いての交流や，市内小学校が養護学校に来校しての交流，近隣養護学校との交流等，年間をとおして交流及び共同学習が活発に実施されています。

　居住地校へ出向いての行事や教科の交流では，養護学校の教育活動ではなかなか味わうことのできない大集団のなかでの友だちとのふれあいによって経験を広げ，社会性を養い，養護学校児童生徒が飛躍的に力を伸ばすことがあります。

　しかし，その反面，交流の意図やねらいが十分に居住地校や当該児童生徒側に伝わらず，関係を深められずに思ったほどの成果を残せないこともあります。他校の児童生徒が来校しての交流では，教師の決めたプログラムをこなし，「楽しかった」の振り返りで終わってしまうケースも多々みられます。

　それは，「場所と時間を共有すれば，互いの理解が深まる」といった曖昧な考えにもとづく，ねらいが明確でない交流実践になってしまっていることが考えられます。

　また，交流の学習活動の内容や事前の障がいに関する学習が不十分なことが要因ではないかと考えられます。さらに，「車いすを押してあげた。遊んであげた」というように，障がいのある児童生徒に対して何でも一方的に援助することにとどまり，必ずしも対等な交流がなされているとはいえません。

　そのような上下関係のある交流ではなく，障がいのある児童生徒が活躍できる場を設定し，活動のなかで彼らのよさやがんばりを認めることができるような，友だち同士としての対等の立場での交流が実践できないか，またそのための事前学習の取り組みができないものかと考えていました。

　私自身のこのような経験も含め，毎年交流を行っているA小学校5年生を対象として，B養護学校小学部との交流会に向けた障がい理解教育の単元を設定し，障がい理解授業を計画・実施し授業分析を行うなかから再計画を行い，よりよい授業を考えていきました。以上が，障がい理解教育の授業を行う動機です。

b 授業の実践にあたって

A小学校では,通常の学級6学級,特別支援学級2学級に計190名の児童が学んでいます。併設されている幼稚園と連携して,「幼小連携におけるケア・マネジメントを活用した特別支援教育の推進——事例研修をもとにした,個に応じた支援の充実をめざして」をテーマに,連携して子どもの早期支援体制づくりに取り組んでいます。

A小学校は,B養護学校と校区が同じであることから,5月に全校児童を対象としての養護学校小学部との交流会や,養護学校で11月に開催される「Bまつり」,1月に開催される「ふれあい遊び大会」等の行事で養護学校との交流を深めています。その他にも養護学校からは3年生と5年生の2名の児童が居住地校交流に来ており,養護学校児童を身近に感じることができる環境にあります。A小学校では,例年5年生が総合的な学習の時間で福祉に焦点をあて,地域の福祉マップをつくることを目標に小学校区の障がいのある人に配慮された施設や仕組みを調べ,その成果を学習発表会で在校生だけでなく,地域の方々や保護者にも啓発している経緯があります。

c 授業計画

単 元 名:「養護学校小学部と交流しよう」
対　　　象:5年生の児童36名
目　　　標:養護学校児童のニーズを知り,自分たちにできることを考える。
設定理由:A小学校ではB養護学校を身近に感じることができる環境にありながら,養護学校児童の障がい特性を理解することの難しさや障がいのある児童へのかかわり方がわからないことから積極的に交流しようする児童が少ないことが課題である。養護学校や障がい者について知ることも交流の大きなねらいであるが,障がいを他人事として考えるのではなく自分の問題としてとらえ,児童の生活に活かしていくような取り組みが必要ではないかと考えた。
　　　　　そこで,10月に予定されていた5年生を対象とした養護学校に出向

交流での遊びのグループによる検討

第5章　障がい理解教育の授業の実際

いての交流会を，養護学校や障がいのある児童の理解啓発につなげていくことを考えて本単元を設定した。

本単元では，初めに「障がい」は肢体不自由や視覚障がいといった狭い意味での障がいだけではなく，誰もがもつ広い意味での障がい（課題・壁）について考えさせることにより，自分たちの問題として考えさせるようにしていった。また，広い意味での障がいを乗り越えていくことにより成長を感じることができたり，仲間の協力があることで乗り越えやすくなったりすることについても考えさせていった。このことから，狭い意味での障がいがあるがゆえに，広い意味での障がいを乗り越えるのがさらに困難になることを事例から考えさせる時間を設け，自分ならどういうかかわりや協力ができるのかを養護学校との交流に重ねながらさらに考えさせていった。

交流会での自己紹介

次に，養護学校でのバリアフリーの工夫や学習の様子をビデオで見せ，養護学校の様子を知ったうえで，交流会で自分たちならどういうかかわりができるのかを考えさせた。より深まりのある考えが導き出され，自分たちだけでなく養護学校児童も楽しめるような遊びのアイデアが出しあえることを期待して，グループで考えさせる時間も設定した。

養護学校での交流は，5年生児童36名全員がいっせいに出向くと小学部児童とのかかわりが薄くなり，養護学校児童の混乱も考えられるので，半数に分けて小グループでの交流にした。交流では，障がい実態からかかわり方に戸惑うことも考えられたが，小学部児童や養護学校の担任に聞くことや見ること待つことで，次の活動につながるヒントとさせたい。

小学校に残る半数の児童は，小学校で車いす体験をすることにより，居住地校交流に来ている養護学校3年生A児のニーズに合った学校になっているかどうかを車いす体験をとおして検証させた。また3年生A児の「小学校の友だちと一緒に遊びたい」という願いを叶えるために車いすに乗っていてもできる遊びを考えさせ，ビデオに編集してA児

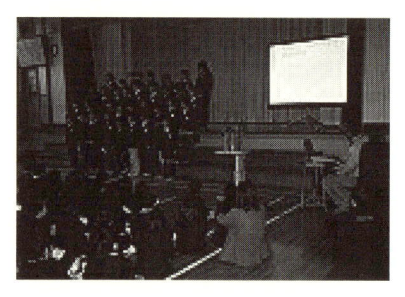

全校児童の前で発表

に伝えていった。

　学習のまとめとして，全校朝会で全校生やA児に向けて学習の報告を行った。また，参観日で障がい理解の学習から考えたことを保護者にも伝えていく時間を設定し，5年生の学びを広く伝えていった。

指導計画：（全28時間）

次	学習テーマ	時間	学習内容
1	「障がい」ってどういうこと？	1	広い意味での「障がい」について考える。「障がいのイメージって？　障がいに直面したら？　障がいを乗り越えるためには？」
		2	狭い意味での「障がい者」について考える。障がい者のかかえる困難を説明し，それに対して自分のかかわり方につながるように考える。
		3	中日ドラゴンズ石井裕也投手の事例から，①広い意味での障がいを乗り越えるためにはどうしたか？　②もし自分がチームメイトであったならばどうするか？について考える。
		4	車いすの児童が転校してきたことを想定して，自分ならどのようなかかわりをしていくかを考える。
		5	車いすの友達の例と『五体不満足』から"してあげる"かかわりから，聞いてみる知ることの重要性について考える。
2	養護学校ってどういうところ？	6	B養護学校の授業や学校生活の様子をVTRで見て，養護学校について知る。
		7	養護学校にある教具で学んだり，体験したりすることで，どのようなニーズがあるからそのような学習をしているのかを知る。
		8	
3	交流の遊びを考えよう	9	今まで学習したことや教材体験を参考に，グループに分かれ遊び大会の計画を立てる。
		10	グループごとに決まった遊びの内容を発表して，意見を出しあう。
		11	他グループから出た意見を参考にして，計画に修正を加え，遊び大会に必要な準備物を製作する。
		12	それぞれのグループで考えた遊びを，実際にやってみて本番の交流に向けて漏れ落ち等がないかを確認する。
4	養護学校小学部と交流しよう	13	養護学校担当教諭とともに校内見学をする。対面式で自己紹介をする。
		14	小学部の音楽の授業を一緒に受ける。
		15	遊び大会で，小学部児童と一緒に遊ぶ。○なかよしルーム　○教室
		16	反省会で感想を述べあう。

5	O小学校バリアフリー計画	17	居住地校交流に来ている養護学校A児のA小学校でしたいこと，思いなどを聞く。
		18	A児のニーズが叶えられるようにA小学校がなっているのか，車いす体験をしながら検証する。
		19	A児のニーズが叶えられるようにA小学校がなっているのか，車いす体験をしながら検証する。
		20	班ごとにA児がA小学校の運動場でできる遊びを考える。
6	遊びをA君に伝えよう	21	班ごとに考えた遊びが，車いすに乗っていても本当に楽しんでできるのかをリハーサルし，ビデオ検証する。
		22	リハーサルのビデオを見ながら，改善していく点や他の班の真似をしてみたい点を考える。
		23	聞き手（養護学校A児）に伝わりやすいように，遊びのなかの役割分担や声の大きさ，動きを意識しながら練習をする。
		24	班ごとに考えた遊びを，解説を交えながらビデオに収録する。
7	学んだことを、全校生や家の人に伝えよう	25	今までの学習の振り返りをして，感想をまとめる。
		26	児童の感想をテーマごとにグループ分けして，発表の練習をする。
		27	全校朝会で，①養護学校小学部と交流しよう，②A小学校バリアフリー計画について発表する。
		28	全校朝会で発表した内容を参観日で発表し，班ごとに保護者と一緒にA小学校の変えていけるところを話しあう。

d 第1次の授業の様子──「『障がい』ってどういうこと？」

(1) 1～3時間目

　導入段階で「障がい」についてのイメージを質問したところ，故障・障がい児・公害等のことばの置き換えがみられ，「できれば自分には降りかからないでほしい」「よくもないけど悪くもない」などの発表がありました。「障がい」ということばが，マイナスイメージとしてとらえられている場合が多いことを伝えると，マイナスイメージでとらえることばであると感じた児童も多く，障がい＝障がい児としてとらえている児童からは，「障がいは，生まれもってあるものだから仕方がない。マイナスというよりも，障がいがあっても一生懸命がんばっているというイメージである」という意見もありました。

「障がい」をプラスイメージとしてとらえられるように変化させていくという授業の展開上，この場面では指導者がマイナス面を強調することで授業を進めました。

　「障がい」を自分の問題としてとらえ，さらにプラスイメージへ転換させるために，「障がい」を別のことばで考えさせようとしましたが，児童はイメージがもちにくく発表にはつながりませんでした。

　そこで，プレゼンテーションの絵や教師の経験から，「障がい」＝「課題・山・壁」ということばの置き換えをして提示してみました。この場面で，指導者を含めて人間は誰もが障がいをもつことを伝えると，驚きの表情をみせる児童もいました。しかし，人間は広い意味での障がいをもって生きていることのイメージはもちにくいままでした。

　次に，5年生児童全員が共通して「課題・山・壁」を意識した経験は運動会の組体操という予測をして，授業を進めていきました。組体操は，ほとんどの児童ががんばって乗り越えたという意見でした。しかし，大変であったことは認識していましたが，その経験を「課題・山・壁」ととらえるまでには至っていませんでした。仲間と協力したことで組体操が成功したことや，壁を乗り越えていくことは成長には必要ですばらしいことであること等のプラスイメージにつながることを，指導者が一方的に教え込んでいくような展開になってしまいました。

　クラス全体で「障がい」を乗り越える大切さを考えてから，それぞれの児童がもつ課題を乗り越えることへとつなげていこうと考えていた1・2時間目でしたが，時間が足りなかったことと，全体での深まりが乏しかったことから，自分の問題として考えさせることは次時以降の課題としました。授業後，1人の女児が，「先生，障がいって障がい児だけがあるもんやと思ってた。私らみんなにあるって言われて障がいがわからんようになってきた」と発言しました。授業のなかで必死に考えようとしていた児童がいることを知り，もう一度，児童の実態にあったかたちで3時間目にプラスイメージでとらえるといったあたりを授業しようと考えました。

　3時間目は，元中日ドラゴンズの石井投手の事例に絞って授業を進めました。石井投手は，狭い意味での障がい（＝壁）として，難聴をかかえています。

　導入場面では，ほとんど音が伝わってこないと音の弁別が難しいことを体験させるために，数秒間隣の友だちと大きな声で話をさせてクラス内を騒然とさせました。その後，何人かに後ろの児童が何を言っていたのかを発表させてみると，「ざわざわしていたからわからない。何となく聞こえていたけど詳しくはわからない」との

意見が多く出ました。

授業展開場面では，石井投手の説明文を教師が読み進めた後，石井投手の広い意味の障がい（＝壁）として，プロのマウンドに上がったものの打たれることが多くなって自信をなくしていったことを取り上げ，①広い意味での障がい（＝誰もがもつ障がい）を乗り越えるためにはどうしたか？ ②もし自分がチームメイトやクラスメイトであったならばどうするか？ と２つの発問をし，考えさせていきました。

①の発問については，狭い意味での障がいがあることで生じる広い意味での障がいを乗り越えるために，さらに大きな力や仲間の協力が必要になることを考えさせるようにしました。児童の思考が十分に高まっていなかったために，「才能」「努力」「夢」といったキーワードをあげて思考のヒントにさせました。「仲間の協力」というキーワードも出され，障がいを乗り越えるためには仲間の協力が大きかったことについて考えていくことができました。

②の発問に対しては，野球への知識がほとんどない児童もみられたので，学級に石井投手が在籍しているという設定にして，学習場面や遊びの場面でどのような協力ができるかについて考えさせました。児童は，ワークシートに難聴という障がい実態を考えた協力の仕方を書き，発表につなげました。発表では，「手話で伝える」「文字で伝える」「大きな声で伝える」といった協力の方法が出されました。

まとめの場面では，1時間目の授業で十分に押さえきれなかった，自分にとっての広い意味での障がいについて書いてまとめさせました。今までに出会ってきたり乗り越えてきたりしている広い意味での障がいへの意識は，まだ具体的にイメージすることは難しい児童もいましたが，石井投手の例をあげたことや教師自身の例を提示したことで，大部分の児童がイメージとしてとらえられたようにみえました。

(2) 4・5時間目

4・5時間目では，障がいをさらに身近に考えさせる例として，A小学校に車いすの友だちが転校してきたという設定で授業を進めました。この車いすの友だちには，居住地校交流に来ている車いす使用の養護学校3年A児の実態を重ね合わせました。

来年最高学年となる児童たちに，養護学校との交流会においてもリーダー役となってまとめてもらいたい，そして車いすの児童とのかかわりについても学んでほしい，という思いからこの場面を題材として設定しました。

1）指導案

単　　元：「あなたならどうする？」
ねらい：・「～できないからかわいそうだ」「～してあげなければ」ではなく，ニーズを聞いて知ることの大切さに気づく。
　　　　・狭い意味での障がいがあっても，みんなが同じように楽しめる遊びを考えようとする素地を養う。
　　　　・障がい者とかかわるうえで，心のバリアフリーの大切さに気づく。

展　　開：

学習活動	主な発問と思考の流れ	教師の支援
1. 絵を見て，自分ならどうするかを考え，ワークシートに記入する。 2. 自分の発表する立場を決め，意見を交流しあう。 3.「誘ってあげる」「担いであげる」ということばのかわりに，もっと好ましいことばがないか。余分なことばが入っていないかを考える。	問1「みんながこのような場面に出会ったらどうしますか？」 →・誘う。担ぐ。 →・しばらく様子をみてから判断する。 　・自分でいけるかどうかを聞いてから，担ぐ。 →・まだA君のことがよくわからないか知らん振りをする。 　・車いすのA君がいると自分たちが楽しめないから知らんふりをする。 問2「『誘ってあげる・担いであげる』と親切な人が多いのですが，本当にA君は，担いでほしいだろうか？」 「『誘ってあげる』『担いであげる』前にすることはないか？」 問3「本当は自分の力で運動場まで行きたいんじゃないかな？どうしたら自分で行ける？」 →・スロープをつける。 　・がんばれと励ます。	絵の提示〔車いすの子が，運動場横の段差の上でみんなが，楽しそうにドッジボールをしているのを眺めている。その様子にドッジボールをしている1人が気づくという絵〕 ・自分ならどうするかの立場を決めて意見を交流させる。 ・友だちの意見を聞いて，意見が変わった児童がどれくらいいるかを挙手させる。 ・段差の問題は，スロープを設置するだけですぐに解決できるものではないことを伝え，自分たちの力や協力でできることがないかを考えさせる。

	4. バリアを取り除くこと,「バリアフリー」が障がい者のためだけでなく,みんなの生活に役立つことを知る。	問4「スロープで段差がなくなってよかったのは,車いすの子だけかな?」 →・ベビーカーを押しているお母さん ・高齢者 など	・障がいのある人を特別視して「〜してあげなければ」ではなく,協力が本当に必要であるかどうか声をかけること,ニーズを知ることの大切さを考えさせる。 ・バリアがあることで困るのは障がい者だけではない。いろんな人が困ることであることを押さえる。
	5. 乙武さんの小学校時代の休み時間の思い出から,養護学校交流に向けたヒントを考える。	問5「乙武さんは,休み時間にさびしい思いをすることがあったそうです。それはなぜだと思いますか?」 →・一緒に遊べなかったから。	・養護学校小学部との交流で,自分たちが楽しいと感じていることや自分たちのルールが,養護学校の友だちには楽しいと感じなかったり,わからなかったりすることを伝える。そのなかでもみんなが参加して楽しいと思える活動をするには,養護学校児童のニーズをとらえることが必要であることを伝える。
	6. 心のバリアフリーについて考える。	問6「乙武さんは,みんなと同じで体を動かすことが大好きでした。乙武さんのクラスではドッジボールをするときにどうしたのでしょうか?」	・乙武さんも楽しめる「乙ちゃんルール」をつくった。みんなが楽しめるように,クラスで新しいルールを決めたことは「心のバリアフリー」となることを伝える。
	7. 本時の学習のまとめを自己評価カードに記入する。		・誰もが,障壁なく生活しやすいように設計された物「バリアフリー」(スロープ),と目に見えない「心のバリアフリー」(やさしさ・友情)を押さえる。

2) 授業の様子

　5年生児童は,障がい理解の学習が4回目ということもあり,授業になれてきたようにみえ,自分たちの考えを発表しよう,書き残そう,とする意欲がみられるようになってきました。ドッジボールの様子を楽しそうに眺めている車いすの少年に対してどのようにかかわっていくかという発問に対しては,「〜してあげなければ」という意見も多かったが,少数派の意見に「自分たちが遊びたいのに,車いすの子がいると遊びが制限されてしまう」等,自分の思いを包み隠さず発表してくる児童もいました(表5-1)。

表5-1 児童の意見

ア 一緒に遊ぶ　4人	・1人で寂しそうだったから。 ・けがをしたら危ないけど、Aさんもどこかに遊びたい気持ちがあると思うから。 ・車いすに乗ったまま遊ぶのは危ないから、車いすから降ろして一緒に遊びを見ることなら私にもできると思う。 ・危ないとかばっかりで決めていたら、何もできないから。
イ しばらく様子をみる　22人	・見ているだけで遊びたくないかもしれないから。 ・ドッジボールをやりたいのかやりたくないのかわからないから。 ・誰かを待っているかもしれないし、外に空気を吸いに来ただけかもしれないから。 ・一緒に遊んでボールが当たって大けがをするかもしれないから。 ・A君が自分から「あそぼ」と言うかもしれないから。 ・もしかしたら遊んではいけない体かもしれないから。
ウ 気づかないふりをする　1人	・誰かを待っているかもしれないし、もし車いすの子が入ると自分たちが楽しめないから。
エ その他　9人	・相手が遊びたいのか遊びたくないのかをはっきりさせる。 ・ボールが飛ぶと危ないし、1人で見ているだけならさびしいと思うから話をしてあげる。 ・アだったら車いすに当たってけがをしたら大変だし、イでも様子をみていても気持ちはわからないし、ウでもA君がかわいそうなので、車いすでもできるちがう遊びをしたらいいと思う。 ・気づかないふりをしたいけど、それはできないし、でも車いすから降ろして一緒に遊ぶのもいやではないけど大変なので、友だちに相談する。 ・まず遊びたいかどうかを聞いてから行動する。

　表5-1の発表も1つの意見として尊重し、自分の立場を明確にして、①担ぐ、②様子をみる、③見なかったことにする、④その他（声をかける等）の4つで話しあいを進めていきました。
　1回目の発表では、①の意見が多かったものの、友だちの発表を聞くうちに意見を変えたり、依然自分の意見を主張し続けたりといろいろな声があるなかで、何人かが提案した「『聞いてみる』『相手を知る』ことが大事ではないかな」ということ

で話しあいをまとめていきました。

　また，車いすの少年が自力で運動場に行けるための工夫はないのかという発問に対しては，児童はスロープがあることを理解しており，またバリアフリーの1つとしてもとらえていましたので，スロープがあるとよりらくに生活が送れることがあると伝えました。

　学習場面でのまとめとして，養護学校に交流に行った際には，一緒に遊ぶ時間に自分たちだけが楽しめる遊びではなく，養護学校の児童も一緒になって楽しめる遊びを考えることが課題となりました。遊んでいる最中に，今どう思っているのかを養護学校の児童に聞いてみることの大切さについて伝えていきました。

　その後，乙武さんの『五体不満足』の文章から，「バリアフリー」＝「スロープ」と「心のバリアフリー」＝「協力」「仲間意識」「支えあい」について児童に考えさせていきました。手足がほとんどない乙武さんにとって体育はいちばん好きな教科で，休み時間には友だちとドッジボールなどをして楽しんでいた，という本の一節には児童は驚きの様子をみせていました。乙武さんが車いすに乗っていても友だちと一緒に遊びを楽しめたのは，物の支援である「バリアフリー」だけではなく，"乙ちゃん（乙武）ルール"に代表されるような仲間意識や人の優しさという支援である「心のバリアフリー」があったことによると伝えました。

　授業の終わりに，次時につなげるためのアンケートとして養護学校について知っていることを質問しました。授業後にアンケートを読んでみますと，養護学校のことを知らない児童がほとんどで，「養護学校の工夫」「養護学校の授業の様子」「養護学校の子どもたちのがんばり」をビデオに収めることにしました。ビデオは，居住地校交流をしている3年生のA児がビデオのなかでリポーター役となって，養護学校児童生徒のプラス面やがんばりがよくみえるように編集し，次時の学習に用いることにしました。

(3) 4・5時間目授業の振り返り

　後日，本授業の様子をビデオで分析していくことで，次のような課題がみえてきました。

1）授業の目標・ねらいの弱さについての課題

　本授業は，養護学校での遊びの交流につながる，「狭い意味での障がいがあっても，みんなが同じように楽しめる遊びを考えようとする素地を養う」という大きなねらいに近づけるための重要な授業です。

児童がこのねらいを達成するためには，まず児童のなかに残る，「障がいがある人は，〜できないからかわいそうだ。〜してあげなければ」「障がいがあるのだから，〜できないだろう」といった考えに迫っていく必要性があります。また，障がいのある児童のニーズを聞いて知ることの大切さに気づくというねらいも設定しました。さらに，乙武さんの事例から，学級の仲間が特別視することなく一緒に遊んだり学習したりする姿を，養護学校との交流に行く5年生児童に重ね合わせ，心のバリアフリーの大切さに気づくというねらいも設定しました。

4・5時間目の授業風景

　しかしながら，ねらいを3つにして学習活動が増えた結果，一つひとつの内容が薄まり，「狭い意味での障がいがあっても，みんなが同じように楽しめる遊びを考えようとする素地を養う」という大きなねらいに十分に迫ることはできませんでした。大きなねらいのなかに他の2つのねらいは関連してくるので，あえて3つに分けずにねらいを1つに明確化して学習を進めるほうが，養護学校の交流に向けて自分たちのできることを考えるという単元の大きな目標に向かって学習していることを意識しやすかったのではないかと考えられます。

　2) 授業構成の課題

　本授業は，1つの授業を2時間扱いとして組み立てました。2時間あれば，1枚の絵から「車いすの児童とのかかわり方」「バリアフリー」「心のバリアフリー」と3つの学習活動ができると考え，関連性をもたせながら授業を展開しました。

　しかし，次の学習活動へ移るときのことばかけや動機づけが十分でなかったこと，3つの活動の関連性が指導者のなかではつながっているものの，児童のなかではつながりが唐突すぎたこと，活動内容が多すぎて児童の思考が分断されたこと等，授業に一貫性がなかったことが授業分析からみえてきました。

　これらのことは，ねらいの弱さから起因している部分も大きいのですが，話しあいだけで児童に体験させる機会を与えなかったことが第一の原因です。

　「車いすの児童とのかかわり方」では，どのようにしたら自分たちや車いすの児

童が一緒になって楽しめる遊びができるのかを，車いす体験をしてグループで考え，体験したなかから考え出したルールやアイデアを発表しあうことに焦点化する必要がありました。かかわり方を考えさせる場面では，ねらいにつながる意見に対して時間をとって班のなかで十分に話しあいをさせ，「車いすに乗っていてもできるような別の遊びを考えてみる」という意見が児童から出てきたところで，体育館に移動して疑似体験をしながらグループでどのような遊びが考えられるのか，また新しいルールの遊びを学級全体で考えていく時間をもつことで，一貫した2時間の授業構成になったと考えられます。

「バリアフリー」「心のバリアフリー」の学習は別の時間で学習し，考えた遊びへの裏づけとしてとらえさせればよかったといえます。

3）指導性についての課題

1つ目の課題に，指導者の発問の吟味があげられます。車いすの児童とのかかわりを考えて発表させる場面では，出てきた意見をすべて尊重しようとする指導者の思いから，授業時間の大半を発表に費やしてしまいました。発表が繰り返されるだけで指導者は児童の意見を黒板に書き残し，「いいですね。なるほど」とあいづちを打つ程度の評価であったため，発表からの思考の深まりがみられませんでした。本授業では発表が4つの視点からばらばらに出ていましたので，意見を焦点化したり，ねらいに近い発表が出されたときには立ち止まって学級全体に問い返して発問やことばかけをしたりすることが必要でした。

たとえば，「車いすの友だちが入ると自分たちがドッジボールを楽しめなくなるかもしれないので，本当は気づかないふりをしてそのまま遊んでいたい」という発表には，「車いすの友だちじゃなくても，こんなふうに友だちのことを気づかないふりをしてしまうことがありませんか」と全員に聞き返してみることができました。その問いかけによって，自分のことしか考えていなくて，他の思いや声に耳を傾けない自分の弱さに目を向けさせ，1時間目に考えた広い意味での障がい＝自分の課題につなげることで，本時の「あなたならどうする？」という葛藤から乗り越えていく心の揺れを考えさせることのできる契機となったはずです。

2つ目の課題に，教師主導の説明型の授業になっていたことがあげられます。説明型の授業になってしまった理由として，ねらいや構成の弱さに加え，児童の発表機会がほとんどなくなったことや児童の学習活動が聞くだけになってしまい，児童の考える機会を指導者が奪ってしまったことが考えられます。

児童にバリアフリーの大切さを気づかせるのであれば，自分の身の回りにあるバリアフリーを想起させて，障がい者だけでなく自分やまわりの人たちも知らず知らずのうちにラクに生活ができていることを発表させてもよかったのではないか，また，バリアフリー化された場所や物を写真提示することなどで，児童が興味をもって考えようとする機会が生まれたのではないかと考えられます。

養護学校の教材・教具を体験

　　4）集団思考に対する配慮の課題
　本時を車いすの児童とのかかわり方の話しあいに絞り，集団思考の時間を増やしたほうが，障がいのある児童とのかかわりについて理解を深めることができたと考えられます。
　たとえば，「気づかないふりをする」↔「聞いてみて一緒に遊ぶ」という児童の意見の対立図式は，障がいのある児童とのかかわり方を学ぶ集団指導の重要な場面でした。この時間に各児童にしっかりと考えさせることで，養護学校との交流に向けた障がいのある児童とのかかわり方につながる前提の理解が可能になったと考えられます。
　　5）障がい理解の授業の教材をめぐる課題
　養護学校交流で楽しめる遊びを考えさせるというねらいでは，『五体不満足』でかかわり方のヒントは得られましたが，新しく遊びを考えるという点においては不十分でした。
　「車いすに乗っていてもできるような別の遊びを考えてみる」という意見が児童から出てきたところで，より具体的にビデオやパソコンで視覚的に，車いすに乗っていてもできる遊びを紹介することで，遊びを考えるという思考へつながっていったと考えられます。

e　第1次（4・5時間目）の授業計画の修正案

　以上の授業の振り返りをもとに，指導案に修正を加えました。修正された指導案は以下のとおりです。

＜修正点＞
①全体をとおして
・ねらいにより迫っていけるように，十分な授業時間を確保するため2時間から3時間構成の授業とする。
・車いすの児童とのかかわりを学ぶ場面では，「担ぐ」「どうしたいかを聞く」「気づかないふりをする」の3つの選択肢から自分の意見を選ばせ，同じ意見をもつ4・5人ずつの小グループをつくり，十分な時間をとってグループでの話しあいをする。
・机上の学習だけでなく，「車いすの児童も楽しめる遊びやルールを考える」という視点からドッジボールを題材に体験的な時間を設定する。

②指導に関して
・ストーリーの内容理解が難しい児童もいるので，模造紙の絵を指さして詳しく状況説明しながら読む。
・前時までの振り返りがしやすいように，学習で使用したものや，前時までの授業中の児童の思考の流れを模造紙に書き写したものを提示しておく。
・ねらいに近い発表が出されたときには立ち止まり，学級全体に問い返す発問やことばかけによって，全員が1つの意見に対して考えさせて，発表に深まりをもたせる。

③教材に関して
・「車いすの子でも楽しめるようなルールを考える」という意見から，より具体的に車いすに乗っていてもできる遊びやスポーツを，ビデオやパソコンで視覚的に紹介することで，遊びを考えるという思考へつなげていく。
・狭い意味の障がい（肢体不自由・聴覚障がい）があっても，ドッジボールを楽しめるかどうかを疑似体験のなかから考えさせる。
・障がい者スポーツの車いすマラソンやその他のスポーツを紹介し，狭い意味の障がいがあっても同じようにスポーツを楽しめることを伝え，交流の遊びタイムにつなげられるようにする。

(1) 授業計画の修正案

単 元 名：「養護学校小学部と交流しよう」——養護学校児童のニーズを知り，自分たちにできることを考えてみよう

対　　象：A小学校5年生の児童36名
場　　所：1・2時間目　教室，3時間目　体育館
指　導　観：本時の指導にあたっては，模造紙に描かれている車いす児童Aを養護学校3年生児童と想定し，自分ならどうかかわっていくかを考えさせていく。考えさせるうえで，「担ぐ」「どうしたいかを聞く」「気づかないふりをする」という3択から選ばせ，その理由についても考えさせるようにしたい。前時までの学習で障がい者に対して「～してあげる」といった意見が多く出されていたため，「担ぎ下ろして一緒に遊んであげる」という意見が多く出されることが想定できるが，「どうしたいのかを聞く」という児童の意見から，本時のねらいでもあるニーズを聞き知ることの大切さを考えさせていきたい。

次に，1・2時間目のドッジボールからスポーツや遊びに目を向け，障がいのある人同士・障がいのない人同士が楽しむだけでなく，みんなが一緒になって楽しめる遊びについて考えさせていく。視覚障がい・肢体不自由を疑似体験しながら遊ぶことで，狭い意味での障がいがあっても同じように遊びが楽しめるのだろうかという疑問を検証していく。体験することで，養護学校との遊びの交流につながるヒントを得ることができるのではないかと考えている。

ね　ら　い：・「～できないからかわいそうだ」「～してあげなければ」ではなく，ニーズを聞き知ることの大切さに気づく（1・2時間目）。
　　　　　・狭い意味での障がいがあっても，みんなが同じように楽しめる遊びを考えようとする素地を養う（3時間目）。
展　　開：（1時間目）

	児童の活動	指導上の留意点	支援の内容
導入5分	1. 前時までの学習内容を振り返る。	・3時間目と4時間目のつながりを意識させるために，「石井投手がクラスメイトやチームメイトだったら，○○さんはどうするって発表したかな」と児童に問いかけてみる。 ・本時ではさらに身近な例として，車いすに乗ったA少年が小学校に転校してきたことを絵を指さしながら伝え，「みんなならどうしますか」と質問する。	・前時までの振り返りがしやすいように，学習で使用したものや，前時までの授業中の児童の思考の流れを模造紙に書き写したものを提示しておく。 ・模造紙を黒板に貼り，ストーリーの書かれたワークシートを配布する。

	児童の活動	指導上の留意点	支援の内容
展開 40分	2. ワークシートの「担ぐ」「どうしたいかを聞く」「気づかないふりをする」の3つのなかから自分の意見を選び，選んだ理由を書く。	・ドッジボールの様子を楽しそうに眺める，A少年の様子が書かれているワークシートの絵を指さしながら読み進める。 ・児童が書いているあいだに机間巡視を行い，発表につなげたい意見を集約しておく。	・一度読み進めただけでは内容理解が難しい児童もいるので，絵を指さして詳しく状況説明しながら読む。 ・理由を書くのが難しい児童には側に行って，理由を一緒に考える（T1・T2）。
	3. 3つの選択肢ごとに4・5人ずつの小グループをつくり，自分たちの意見を深める話しあいをする。	・小グループごとに司会者と記録者を決めて，話しあいがスムーズに流れるようにする。 ・3つの意見ごとに，その選択肢を選んだ理由を話しあわせる。 ・早く話しあいが終わったグループには，他グループから予想される切り返しの発問に対する答弁を考える。	・各小グループに同じような意見をもった者同士が集まるように，グループを編成する。 ・他グループから予想される発問がイメージしにくい場合は，発問リストを渡して思考を促す。

（2時間目）

	児童の活動	指導上の留意点	支援の内容
展開 35分	1. 自分ならどういうかかわり方をするかを発表する。	・理由づけして自分の意見を発表し，その意見に対して反論異論がある場合は，理由を言って発表をつなげていくことを伝える。 ・それぞれの発表に対して評価をし，さらに学級の考えを深めていきたいと思えるような発表に対して，「みんなはどう思う?」と発問を投げ返したり切り返しの発問をしたりする。 （担ぎ下ろす） ・「楽しそうにしているけど本当にドッジボールがしたいんだろうか?」 （どうしたいのか聞く） ・「A君が『一緒に遊びたい』と言ったら，どうやってドッジボールを一緒にするの?」	・理由づけて発表ができるような見本（「私は～を選びました。理由は～だからです」）カードを提示しておく。 ・意見が書けているのに発表をしようとしない児童に発表を促す（T2）。 ・話しあいの論点を板書やことばかけで整理しながら，司会進行をする（T1）。

	児童の活動	指導上の留意点	支援の内容
展開 35分		（気付かないふりをする） ・「みんなも車いすの友だちじゃなくても，こんな風に友だちのことを気づかないふりをしてしまうことがありませんか？」	・3時間目のワークシートに書き込んだ〔私の課題〕から，友だちとのコミュニケーションを課題にあげていた児童を選んでおく。
	2. もし自分がA君なら，3つのなかのどのかかわり方がうれしいかを考える。	・A児と同じように，一緒に遊びたいんだけどなかなか言い出せないという思いをもっている児童の発表を促す。 ・狭い意味での障がいがあってもなくても，友だちの思いや願いを聞くことはとても大切なことであり，友だちに思いを聞いてもらったことや，誘ってもらってうれしかった経験を発表させる。 ・「～してあげる」という支援的なことばかけと，「一緒にしようよ」という共同的なことばかけを比較してみることで，障がいのある人は，できないことが多いので支援をしてあげなければという一方的な思考を考え直す時間とする。	
まとめ 10分	3. 本時を振り返り，ワークシートに書く。	・全児童が書き終えたら，「車いすに乗っていたり，その他障がいがあったりする人は，みんなと同じように遊んだり，スポーツをしたりすることは難しいのだろうか？」と次時への意識づけとなるようなことばかけをして本時を終了する。	・自分の思いをなかなかまとめられない児童には，板書やワークシートを見させて考えるヒントにする。

（3時間目）

	児童の活動	指導上の留意点	支援の内容
導入 5分	1. 疑似体験（視覚・車いす）ドッジボールでどのような工夫が必要か，またどのような支援が必要かを考え発表する。	・2時間目の「車いすの子も楽しめるようなルールを考える」という意見から狭い意味の障がいがあってもドッジボールを楽しめるかどうかを確かめてみることを伝える。	・視覚障がい体験ドッジボールには，アイマスク，音の鳴るボールを用意する。 ・車いす体験には，車いすと柔らかいボールを用意する。

展開 35分	2. 疑似体験ドッジボールを班ごとに行う。	・6班を2グループに分け，3つの班を1グループとして2チームが対戦，1チームが審判をするよう伝える。 ・Aグループ（1・2・3班）は視覚障がい体験ドッジボール，Bグループは車いす体験ドッジボールをすることを伝える。 ・導入で考えた工夫や支援を取り入れて活動している班を評価する。	・導入で考えた工夫や支援を取り入れずにドッジボールをしている班には，集合させて疑似体験をしている児童の思いを聞かせ，工夫や支援につなげるようにする。 ・5分で終了の笛を鳴らし，次の対戦をするよう促す。
	3. 疑似体験ドッジボールの感想を出しあう。	・体験した児童の困難さ，支援した児童の困難さを出させるとともに，このような支援が役に立ったことや導入で考えた工夫や支援を取り入れることができたかを発表させる。 ・疑似体験ドッジボールをして，体験した者，支援した者どちらも楽しかったかどうかを確認する。 ・養護学校との遊びの交流で自分たちも養護学校児童も楽しめる遊びを考えるには，もっと養護学校児童のことを知ったり，遊びの内容を細かく考えていったりすることが必要であることを伝える。 ・障がいのある人が健常者と同じように遊びやスポーツを楽しめるかどうか質問する。 ・障がい者スポーツについてはあまり知識がないと思われるので，考えるきっかけとして毎年A市で行われている車いすマラソンやその他スポーツのことを紹介する。	・発表が少ない場合は，ことばかけや支援を上手に行っていた班の児童を指名して発表させる。 ・児童の発表が，単元のまとめ段階の車いすに乗っていて楽しめる遊びや養護学校との交流につながる新しいルールづくりととらえられるよう，参考となる意見を短冊に書き残しておく。 ・車いすマラソンの写真を提示する。
	4. 障がいのある人でもできる遊びやスポーツについて知っていることを発表する。	・日本障がい者スポーツ協会で紹介されているスポーツのうち，交流に活かせるもの（BOCCIA・ゴールボール・シッティングバレーボール・車いすツインバスケットボール・ティーボール）を紹介する。	

| まとめ5分 | 5.本時を振り返り，ワークシートに書く。 | ・次時は，居住地校交流に来ている養護学校A児の願いについてまとめられたビデオを見て学習することを伝える。 | ・自分の思いをなかなかまとめられない児童には，板書や活動を思い出させ考えるヒントとする。 |

f 障がい理解教育の授業に取り組んで思うこと──まとめにかえて

(1) 交流の様子から

　交流にあたっては，事前に小学校で一人ひとりが，今までの学習を活かした交流の目標をもって小学部との交流に臨むこととなりました。

　1時間目は，養護学校内にあるバリアフリーを1つずつ確認しながら見学をして回りました。見学しながら，養護学校の担当教諭がバリアフリーの工夫がどうして必要なのかをクイズ形式で出題すると，5年生児童は，6時間目のA児のビデオ紹介を思い出して答えを返していました。今までに二度，養護学校を別の交流で訪れていた5年生児童ですが，説明を受けながらじっくりと見て回るのは初めてでしたので，どの児童も興味をもって見学しているようにみえました。

　2時間目の対面式では，全体での対面に続いて，養護学校の児童がグループに入って5年生児童を呼び，各小グループでの自己紹介を行いました。養護学校3年生A児が1つのグループの司会進行役を務めました。A児は，事前にビデオ紹介で5年生児童とのかかわりをもっていましたので，この交流を心待ちにして生き生きとしている様子が伝わってきました。

　養護学校の担任が養護学校の児童について話したうえで，できるかぎり5年生児童が養護学校の児童とかかわり，わからなくても粘り強くかかわっていくことで何かを学んで帰ってほしいことを伝えました。

　音楽の授業が始まると，いつもの授業とは環境が異なるために不安になり，立ち歩いたり音楽室を出て行ったりする養護学校の児童の姿もありましたが，さっと立ち上がって連れ戻してきたり，今どうしたいのかを聞いたりしている5年生児童の姿もみられました。また，肢体不自由から座位が十分にとれない児童には，担任から支援の仕方を教わりながら試行錯誤してかかわりをもとうとしているグループもありました。

　養護学校の担任が，かかわり方を細かく指導するのではなく，ポイントを押さえ

感覚遊具を使っての交流

て5年生児童に伝えていましたので，自発的なかかわりが5年生児童から出ていたようにみえました。養護学校の担任の働きかけが，本交流においては大きな意味をもっていました。

時間の経過とともに養護学校の児童も落ち着きをみせ始め，一緒になって歌ったり演奏したりできるようになっていました。グループによっては，かかわり方を知ることに精いっぱいで音楽を一緒に楽しむことは難しかったところもありますが，おおむねどのグループもお互いを意識しあったよい関係での時間をすごすことができました。

3時間目の遊びタイムでは，なかよしルーム（感覚訓練室）での感覚遊具遊びと5年生児童が考えてきた遊びをA・Bグループが交代で行いました。

感覚遊具遊びは，5年生児童は初めて経験する者がほとんどで，養護学校の児童とのかかわりを忘れて自分たちが遊びに没頭してしまうグループもみられましたが，友だちや養護学校の担任からのことばかけから，今回の交流の目標を再度確認させて互いが楽しくなるような状況を考えさせていきました。

3年生A児のグループでは，キャスターつきのボードに腹ばいになって乗り，手のひらで床を押して廊下を競争させるような活動もありました。肢体不自由のあるA児との差を埋めるために，5年生児童は手袋をつけて床を押しにくくしたり，2台を連結させたりしてボードが進みにくい状況をつくっていきました。「しんどい。進まない。もういや」と言いながらも，A児に負けじと必死に手を動かしていました。

その他にもトランポリンで一緒に手をつないで跳んだり，養護学校の児童からの「もう1回して」のサインで背中を押してみたりと，ともに体を動かすことから自然なかかわりが生まれてきました。感覚遊具を用いた遊びは，養護学校の児童にとってはなじみのある楽しい遊びであり，5年生児童にとっては，初めて体験する体を使って楽しめる遊びということで，コミュニケーションのきっかけになるようにみえました。

5年生の考えた遊びの時間では，事前に予行演習を行っていましたので，遊びは

スムーズに流れていきました。どのグループの遊びも簡単なルールであったこと，活動の流れがわかるような視覚的な掲示物が用意されていたこと，5年生児童が遊びを無理強いしなかったので，養護学校の児童も十分に対応して遊んでいるようでした。なかなかグループの活動に入りにくそうにしている養護学校の児童もみられましたが，同じグループの5年生児童みんなで「○○さん。次，順番だよ」とことばかけをして待ってみるというようなかかわり方もみられました。

交流後のA小学校児童の見送り

　4時間目の反省会では，まず校内見学・音楽・遊びタイムではわからなかった養護学校のことや，同じグループの養護学校の児童のことについて小グループで話しあう時間を設けました。ある1つの小グループの5年生から出された質問は，養護学校のバリアフリーに関すること，養護学校児童の障がい実態についてでした。その質問に対して養護学校の担任ができるだけわかりやすいやすいことばで答えを返していました。

　全体での反省会では，5年生児童からバリアフリーについての感想が多く出されたことに対して，1人の養護学校の教員が「バリアフリーだけでなく，養護学校の先生や友だち同士がどんな心のバリアフリーでかかわりあっているのかも感想で出してくれるといいと思います」とつけ足されました。このことばから，今回の交流のねらいの弱さと，ねらいを達成するための交流内容の精選を課題として受けとめました。

(2) 実践をとおして思うこと

　今回の養護学校小学部との交流にあたっては，第1次での狭い意味での障がいがある児童を特別視するのではなく，自分たちの問題としてとらえさせ，交流学習のベースとなるような障がい理解にとって大きな意味をもつ取り組みでした。そのためにも，「障がい」のもつイメージを"マイナスからプラス"へ転換させていくこと，「障がい」のもつ問題を"障がい者の問題"として考えるのではなく"自分たちの問題"としてとらえられるようになることを，大きな目標に設定して授業を進めていくことは有効であったと考えられます。

　しかし，5年生児童が広い意味での障がいをイメージできない授業構成に大きな

表5-2　交流会後の児童の感想

①私はこの学習をするまでは，養護学校の子だからいろいろなことができないと思っていました。でも養護学校へ行った後で，できないことはできるようにがんばっていること，できるようになるんだということがわかりました。私は，車いすの子とエレベーターで降りるときに，ボタンは押せないかなと思っていたけど，下のほうにあるボタンをゆっくり押せていました。だから，私たちが何でもするのではなくて，待ってみることが大事なことだと思いました。前はそんなことを全然考えもしなかったので，自分にとても驚いています。

②私はこの学習をするまで，「障がい」は特定の人，足が不自由だったり耳が聞こえなかったりしている人たちのことだと思っていました。だけど，先生との学習でそうではないことを知りました。「障がい」は私たちのなかにもある壁や課題のことでした。私は骨折したときに，手で押さえて字が書けなかったり，走れなかったりして，不自由でした。また，宿題の難しい問題などを解くことは，不自由ではないけど変な感じでした。養護学校に交流に行ったときに，私は〇〇君とペアでした。〇〇君はこっちがかかわっていこうとすると，向こうもちゃんと答えてくれて，音楽の時間は「お芋の体操」を教えてくれることもありました。心のバリアフリーで接することは大切なことであるとこのときにわかりました。この前中学校の文化祭に行ったとき，スロープなどのバリアフリーがいくつかありました。けれど，脱いだ靴がいっぱいで「これでは車いすの人が通れないなあ」と思いました。私も骨折して少しは目に見える障がいをもつ人の気持ちがわかった気がします。

③初めは，「障がい」は目に見えてわかる不自由さだけだと思っていましたが，大きな音がダメだったりする人にも障がいがあるし，普通に生活している私たちにも障がいがあることがわかりました。養護学校では，学年の大きな子が小さな子の面倒をみるなどしてきょうだいみたいでした。みんなで勉強するときは，先生1人で教えるのではなくたくさんの先生が協力して教えていました。音楽の時間は，音楽を聴きながら歌ったり体を動かしたりして楽しそうでした。養護学校の交流から帰ってきてから，私は障がいのある子や大人の本を読みました。どの本にも障がい者の夢や願いが書いてありました。鼻にチューブをつけて生活していた女の子は，夢は双子のお兄ちゃんと同じ学校に通うこと，耳の聞こえない親に育てられた女の子は，親の夢は娘の声を聞きたいで，女の子の夢は父母に話してもらいたいことでした。どの本も叶うかどうかわからないけど，夢がいっぱい詰まっていました。強く前向きに生きていこうとする姿に私は感動しました。この学習をして，今まで考えもしなかったことを考えて，私にもできることがあると思えて，一歩踏み出せた気がします。

課題がありました。単元が進んでいくなかで，障がいを自分のこととしてとらえるようになる児童は増えてきましたが，その大きな要因の1つに養護学校A児の存在が考えられます。本単元の学習前には，障がいのある方のニーズを聞くということで，各方面で活躍されている障がいのある大人の方から話をうかがい，学習を進めていくことも考えられたのですが，児童の身近な存在としてA児の話から障がいについて考えさせていきました。このA児の登場が，5年生児童の目標に対する思考を深めていくことに大きな意味をもったと考えられます。とくにA児が自分の広い意味での障がいについて語ったことで，第1次で時間をかけて考えさせた「障がい＝誰もがもつもの＝自分の問題として考える」ことの意味や，広い意味での障がいは人にとっては大切なものでもありプラスイメージにつながることを5年生児童が理解できました。結果としては，単元全体のなかで障がいを自分のこととしてとらえさせていくことになりましたが，第1次では石井投手や乙武さんといった障がい理解授業でよく登場する人物から障がいについて考えさせていくのではなく，自分たちに身近な存在であり，ときどき目にするA児のことから授業を構成していくほうが，より具体的に考えを深めていくことになるのではないかと思いました。

　実践に入るまでの指導案の検討段階で，「『障がいを理解する』という概念的な学習が5年生児童の発達に合ったものであるのか？　体験的な学習から概念的な学習に入ったほうがよいのではないか？」という葛藤がありました。その葛藤は実践開始後も続いたのですが，前述の交流時の児童の動きや，交流の振り返りをみているとこの実践をしてよかったと少しは思えるようになってきました。この学習が，学級全員でないにしろ，数人がこうして障がいについて少しずつでも自分の問題として考えるようになり，養護学校児童とかかわりをもとうとしたことで，小学校での障がい理解の実践や，よりよい交流を小学校に根づかせる1つのきっかけになったのではないかと思います。

　特別支援教育がスタートし，養護学校の地域でのセンター的機能がうたわ

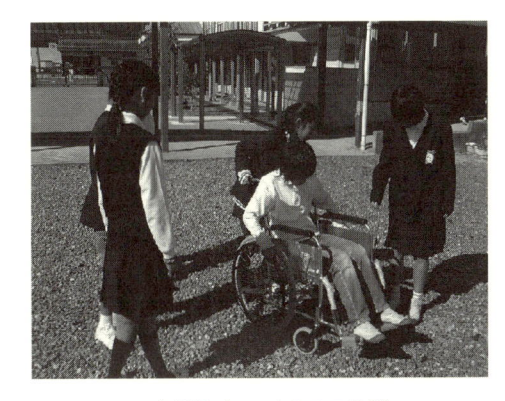

A小学校内のバリアの体験

れ，教育相談業務や講師派遣等が進んでいっています。それらの機能に加え，養護学校ならではのノウハウを活かした「障がい理解」に関する授業の提案や，啓発も行っていくことでさらにセンター的機能が発揮されていくのではないかと考えます。

g　コメント

　この取り組みは，特別支援学校の児童と通常の学級の児童との障がい理解教育の取り組みです。前節の特別支援学級の児童との交流と比べ，通常では，学校生活をともにしていないという特色があります。そのため，地域での交流（居住地交流）をふまえたものにしなければ，形式的な交流，自己満足の交流にとどまる問題をはらんでいます。

(1)　特別支援学校のセンター的機能の活用

　特別支援学校と通常の学校との交流及び共同活動を，特別支援学校のセンター的機能の観点からとらえ直すことは有益です。

　交流の日常化の観点からは，特別支援学校より特別支援学級のほうが，より適した場であることは否めませんが，特別支援学校には特別支援教育に関するノウハウがあり，専門性を有する教師も多いはずです。その利点を障がい理解教育において発揮することは，地域の通常学校の障がい理解教育を進めるうえでも意義があります。その際には，特別支援学校教師（コーディネータなども）は，前提として，障がい理解教育の取り組みについての理解を深める必要があります。

　また，居住地交流の視点をもつことで，特別支援学校内の児童生徒の地域での生活を保障することも可能となります。この取り組みを行ったのは，特別支援学校の教師であり，このような課題をもちながら取り組みを進めています。さらに，私はこの教師に，特別支援学校がこの1校のみならず，市の他校の障がい理解教育を進めるセンター校になるために，障がい理解教育の授業の典型を生み出して蓄積するように話をしています。

(2)　広い意味での障がいを理解する難しさ

　意味のある交流及び共同学習を展開するためにも，その前提として，障がいを自分たちの問題としてとらえつつ，プラスイメージでとらえ，社会的障がいについて理解を深める必要があります。

　この取り組みでも，課題・困難・壁などにあたる広い意味での障がいをとらえ，石井投手などの著名な障がいのある人物を紹介して，バリアフリーについて考えさ

せましたが，取り組みが不十分に終わりました。後に検討する授業論の視座の問題はありますが，この「広い意味での障がいをとらえる」という課題の難しさがあります。ことばだけで説明しても，ことばが難しい，実感がともなわないという問題があります。

このような理解を促すには，自分たちの問題としてとらえさせるために，自分や友だちの長所・短所を見つけるところから入ったほうがよいのではないかと思います。自分の長所・短所を探して確認しながら，どのように得意なものを身につけてきたのか，どのように苦手なものを克服しようとしているのか，そのときのその困難・壁を広い意味の障がいととらえられないか，「障がいにチャレンジする」「障がいを克服する」という言い方もあるのではないかなどということを理解させるのです。このように内容の順序性の検討も必要になってきます。

(3) 交流及び共同学習の中身の検討

この取り組みでも，特別支援学校と通常の学校の児童の交流の遊びの中身自体を，児童たちに考えさせています。

ただし，1節の特別支援学級との取り組みと異なり，この節では通常の学校の児童のみで遊びが考えられています。たしかに，障がいや発達への対応の難しさにより，あるいは時間や場の問題などにより，ともに計画するということができないこともあるでしょう。

しかし，相互に計画・案を持ち寄ることは可能です。その際には，教師の支援のもとではあっても，特別支援学校の児童の提案というかたちで，特別支援学校の児童が中心となり，通常学校の児童をまきこむ遊びの紹介や実施が必要です。

さらに，ここでは，遊びとしてよりも，スポーツとして取り上げることで，より興味を引く多様な展開が可能になります。修正案で示されたドッジボールのルールの障がいによる検討がそれにあたり，これをよりダイナミックに取り組んでいくのです。

現在，さまざまな障がいのある人に向けて考えられたスポーツにおいて，新たな動きがみられます。スポーツは，走る・投げる・蹴る・跳ぶなど，さまざまな体力を個人や集団で競い，その優劣で勝敗が決められていきます。スポーツの得意な人もいれば，苦手な人もいます。現在，障がいのある人のスポーツが見直され，スポーツが苦手な人もともに楽しめるもの，体力の優劣のみならず新たな力が求められるものとして，障がいのない人のあいだでも，新たなユニバーサルなスポーツに

携わる人が増えているといいます。まさに，スポーツのユニバーサル化といえるでしょう。

さまざまな障がいのある人のスポーツを調べ，障がいへの配慮のポイント，ルールについて学び，実際にあるスポーツを取り上げることにより，特別支援学校の児童と通常の学校の児童がともに楽しむこともできます。そして，近年の障がいのない人たちの動きやユニバーサル化を取り上げ，バリアフリーやユニバーサルデザインなどの社会的障がいのポイントについて学ばせることができるのです。

(4) 同世代のＡ君の思いを伝える意義

著名な障がいのある人の体験談を聞いたり，乙武さんなどの著書を学ぶことによって得られることがありますが，大人の目線にとどまることもあります。子どもたちからみて，距離間が生まれ，"別の世界の問題"というとらえ方がなされることがあります。

そういった意味で，同世代の障がいのある子どもの問題・ニーズを取り上げることが重要です。それが，児童書や絵本であった場合は一定の理解は可能ですが，自分たちが今，生活して学習している問題という点では，少なからず距離間があります。たしかに書物により冷静に深くとらえることもあるかもしれませんが，この取り組みのように，養護学校のＡ君自体が自らのニーズや思いについて率直に述べることによって，自分たちの身近な世界の問題としてとらえることができます。

第6章

障がい者（児）の歴史の教材化

　障がい理解教育の教材化のなかでとくに不十分なものとして，障がい者（児）の歴史の教材化にかかわる問題があります。特別ニーズ教育の分野における研究全体のなかで，障がい者（教育・福祉）史自体への関心も薄れつつあり，今一度，障がい理解教育の問題と関連づけて焦点化する必要性を感じています。

　その大きな要因として，現在の世界史・日本史において，十分に障がい者問題が組み込まれておらず，障がいのない人が中心の歴史となっていること，われわれが社会における障がい者（児）の置かれた状況や位置づけの歴史について十分に知らされていないこと，とくにその中心的役割を担う教育で教材化が十分になされていないこと等があります。

　未来を担う子どもたちに，障がい者についての正しい歴史的事実を伝える必要があり，このことは障がい理解教育を展開するうえでも重要なポイントとなります。

1 障がい者（児）の社会における位置づけの変遷
──そのとらえ方と教材化

　障がい者（児）の社会における位置づけは，大きく，「古代＝障がい者（児）の遺棄の時代」「中世・（日本独自の）近世＝障がい者（児）の保護の時代」「近代＝障がい児教育・障がい者福祉の成立・展開の時代」「現代＝人権をベースとした教育的インテグレーション・教育的インクルージョンやノーマライゼーション社会に向か

おうとする時代」に区分されています。

　このような障がい者（児）の位置づけの要点と特徴をふまえつつ，その全体像とそこから導き出される課題をとらえ直していく必要があります。

a　歴史における障がい者（児）のとらえ方の問題構造

　たとえば，古代の障がい者（児）の遺棄・迫害の特徴として，『古事記』『日本書紀』の「蛭子神話」にみられる問題構造があります。

　この「蛭子神話」とは，次のような話です。

　天皇家の遠い祖先神とされるイザナキという男神とイザナミという女神が，国民およびそれを統治すべき神々を生むために交合をしましたが，女神イザナミが男神イザナキに先んじて口を開く「先言」という，男尊女卑の教えに背く行為を行ったため，3歳になっても足の立たない「蛭のような子」，いわゆる，肢体不自由の子どもが生まれました。そのために，この子どもを葦の船に乗せて流して棄て，二神の生んだ子どもから外したというのです。

　この神話には，障がい児遺棄という障がい者差別の考え方と女性差別の考え方が結びついていること，その差別意識が古代天皇制による国と国民支配の正統性を主張する考え方のなかで生まれていること，という問題構造が示されています。とくに障がい者差別と女性差別が共通の差別構造のなかにあり，同じ虐げられた存在としてとらえていく必要性や，今もなお障がい児の問題が女性の責任に帰されやすい問題を理解するうえでも，教材として取り上げる意義があります。

　類似した問題構造は，『古事記』『日本書紀』だけに示されているわけではありません。9世紀初めにまとめられた『日本霊異記』には，次のような説話がみられます。

　僧の行基のもとに，大きな子を背負った貧しい母親が通ってきました。その子は，10余歳にもみえましたが，歩くことができず，母の背で物を喰らうに暇がなく，「もっとくれ」と泣きわめいていました。行基は，その子を「川に棄てよ」と命じますが，その母親は慈から，初めはその命に従いませんが，最終的にはその指示に従ってその子を川に棄てました。そのとき，その子は浮き沈みしながら正体を現し，自分が前世でこの母親に物を貸したが返済してもらえず，このような姿となって貪り喰うことで取り返そうとしたと告げるというものです。

　要するに，女性が借金を踏み倒した結果，障がい児が生まれたとするもので，障

がい児を女性の反道徳的行為や反社会的行為の所産とみなしていたのです。

さらに，今なお存在する「五体不満足」「五体不具」のとらえ方も，10世紀に生まれたもので，死などのケガレを清める思想と結びつき，とくに当時もっとも清浄を保たなければならなかった宮中の規定に示されていました（935〔承平5〕年のケガレに関する先例）。それが，11世紀に広がりをみせ，1029（長元2）年から1046（寛徳3）年のあいだに成立したとされる「小野宮年中行事」においては，死のケガレの残る期間の規定に，五体相具われる者である健常者が3日に対して，五体不具者である障がい者は7日と区別され，ケモノに近い位置づけがなされていたのです。この障がい者をケモノ同然ととらえる考え方が，五体不具説や五体不満足説にあり，われわれが安易にこの用語を使用していることをしっかりと認識しておく必要があります。

このような国家による障がい者（児）遺棄や迫害のとらえ方は，何も日本にかぎったことではありません。古代ギリシアは，歴史教育のなかでは，軍事的都市国家のスパルタと民主的都市国家のアテネを対比的にとらえていますが，障がい者（児）の処遇については，両都市国家とも冷ややかなもので，障がい者（児）迫害の姿勢が貫かれていました。とくにスパルタは，『プルターク英雄伝』に障がい児遺棄の事例が示されています。また，ヘレニズム期の著名な思想家であるアリストテレスも，聴覚障がい児教育の進展を遅らせた人物として知られています。その当時影響力があったアリストテレスが，「言葉を持たない聾啞者は人間的知性にあずかれない」と主張したことは，スペインで貴族が聾子弟に家庭教師をして聾教育が発祥する14世紀まで，その取り組みを遅らせる要因の1つとなりました。

b　負の歴史を学ぶだけでよいのか

このような事実をわれわれが十分に認識していない問題を問う必要もありますが，障がい理解教育とその教材化の問題としてとらえ直したとき，このようなマイナスの事実を提示するだけでよいのかという課題が生じます。

このことについては，後で指摘します障がい者（児）のプラス面の位置づけがあり，高等学校→中学校→小学校と生活年齢が下がれば下がるほど，あるいは障がい理解が不十分な学校であればあるほど，プラス面の事実を強調する意義があります。マイナス面を指摘する場合には，詳細な事実の規定以上に，障がい者観の問題と結びつけて考えていくことが重要です。

古代は障がい者（児）遺棄の時代ととらえられ，時代が進むにつれて，保護や教育・福祉の成立や展開で，ノーマライゼーションやインテグレーション・インクルージョンの時代になっているという方向性が示されていますが，私は，このような一面的なとらえ方ではなく，複層的なとらえ方が必要であると考えています。

　たとえば，古代においては，平城京の興福寺の施薬院や悲田院で障がい者保護がみられます。一方，近代の障がい者（児）教育や福祉の成立展開期に，社会的問題を起こすと想定された障がい者を社会的に隔離するという意味で施設がつくられ，また障がいのない子どもの教育を阻害しないという意味で特殊な学校・学級がつくられていました。そのもっとも悲惨なものとして，第2次世界大戦前の社会ダーヴィニズムにもとづくナチスによる障がい者（児）の迫害・殺害があげられます。じつは，このナチズムに顕著にみられた障がい者（児）排除の思潮は，北欧をはじめ他の欧米諸国や日本も例外ではなく，広範囲にわたって施設隔離・断種等の議論が展開され，断種法の成立等の段階をふみながら実行に移されていったのです。とくにドイツでは，断種（1933～1938）等にとどまらず，ユダヤ人と同様，安楽死（1939～1941），大量抹殺（1942～1945）の処置が障がい者（児）に対して行われました。

　このようにみてくると，障がい者（児）迫害の負の歴史を学ぶ意義は，ノーマライゼーションやインテグレーション，インクルージョンの時代に向かいつつある現代においても，このような障がい者（児）迫害の考え方がないか，慈善的保護の考え方にとどまっていないかを問うことにこそあるといえます。

　とくに強調しておきたいのは，保護のとらえ方が，社会的防衛的とらえ方や慈善的とらえ方にとどまっているかぎり，いつ遺棄・迫害の立場に変わるかわからない危うさをかかえているということです。また，ナチズムにもみられたように，そのような遺棄・迫害の対象は限りなく広がっていき，自分たちには関係がないと思っていた人たちにも降りかかり，多くの人を苦しみや絶望の淵に追い込むことにもなるのです。だからこそ，障がい者（児）の権利をしっかりと位置づけ，真の意味の教育的インクルージョンやノーマライゼーションの社会を実現していくことが求められるのです。

　この取り組みの1例を表6-1に示します。

表6−1 指導計画

単 元 名：「障がい者（児）の社会における位置づけの変遷」
対　　象：中学校・高等学校の生徒
単元目標：・障がい者（児）の社会における位置づけの変遷史の要点を知る。
　　　　　・障がい者（児）の社会における位置づけの変遷史を複層的にとらえる。
　　　　　・障がい者（児）の社会における位置づけの変遷から現代への教訓を学ぶ。
授業計画：①障がい者（児）の社会における位置づけの変遷の区分
　　　　　・一般的に，古代は障がい者（児）遺棄の時代，中世（近世）は保護の時代，近代は障がい者（児）教育・福祉の成立・展開の時代，現代はノーマライゼーション，教育的インテグレーション，教育的インクルージョンの時代に向かいつつあることを知る。
　　　　　・とくに，スパルタの事例，ノーマライゼーションを最初に提起した国・人物・その理念，統合教育の理念等を取り上げ，発問を工夫するなかから，用語や概要をつかむ。
　　　　　②古代における障がい者（児）迫害のとらえ方
　　　　　・「蛭子神話」を紹介し，問題構造をとらえる。
　　　　　・アテネ・スパルタの事例から，問題構造を知り，新たな歴史的視点を得る。
　　　　　・アリストテレスの見解の影響について考える。
　　　　　③古代から続く障がい者（児）迫害のとらえ方
　　　　　・顕著な事例として，第2次世界大戦前の障がい者（児）迫害の各国の状況（断種とは，各国の断種法の制定）。
　　　　　・ナチスによる断種（1933〜1938），安楽死（1939〜1941），大量抹殺（1942〜1945）の処置，殺害者数を知る。
　　　　　④現代の障がい者問題を考える
　　　　　・障がい者（児）の社会における位置づけの変遷の複層的側面（遺棄・迫害と保護，人権にもとづく取り組みの複層的側面）。
　　　　　・現代における障がい者（児）における位置づけについて考える（自分たちはどうか，どのような意識か，慈善的保護の弱さ・慈善的保護が，時代状況によりいつでも迫害に向かいうる問題を考える。たとえば，障がい者施設建設時の地域の反対運動を取り上げ，その意識の問題を考えたり，障がい者施設・障がい児学校が街から離れた山間部や郊外に多い問題を考える）。

第6章　障がい者（児）の歴史の教材化

2 プラス面を取り上げる意義

　古代日本の律令国家を支えたものに，農民への重税で知られる「班田収授の法」にもとづく租・庸・調の税制がありますが，当時の籍帳には，残疾（軽度障がい）・廃疾（中度障がい）・篤疾（重度障がい）と区分された100例を超える障がい者租税についての免除事例が，記録として残されていました。この租税の免除措置に関する条文における障がい者規定は次のようなものです。

障がい者——①残疾（現在の軽度障がい）　「片方の眼の視力を失っている」「両手の指のうち2本がない」「できもののため頭髪がない」「身体のうみが止まらない病人」「首にはれもの」「アキレス腱が切れた人」「去勢された人」「耳が聞こえない人」

　　　　　②廃疾（現在の中度障がい）　「知的障がいの人」「身長の低い人」「背骨・腰骨に骨折のある人」「手足の1つに障がいのある人」

　　　　　③篤疾（現在の重度障がい）　「手足の2つに障がいのある人」「両眼を失明」「精神障がい者」

　障がいの中身については，当然，現在のものと比べ違和感がありますが，この3つの障がいの分類というかたちは，現代まで残り続けていました。この厳しい律令体制下において，このような障がい者租税に関する免除措置がかたちとしてあったという事実は，古代の律令体制の異なった側面をとらえるうえでも注目されます。生徒たちに対しても，新たな側面を知らせる教材として設定することが可能であるといえます。また，古代という時代状況でさえ，障がい者（児）の迫害の事例だけでなく，障がい者（児）を保護する事例も存在したというプラス面を指摘できる意義も存在しています。

　また，このような障がい者（児）の社会における位置づけのプラス面として，盲人をめぐる動きがあります。

　日本の中世期には，特色ある組織として同業者の組合である座が結成されていましたが，このなかには盲人固有の座である「当道座」がありました。これは，14世紀室町時代に平家琵琶の名手であった盲僧の明石覚一により，盲人の互助組織と

して結成されたもので，検校・別当・勾当・座頭の各階位からなり，そのなかでもよく知られる「座頭市」の座頭は，最下位の身分を示すものでした（「座頭市」は座頭という階位の市という名前の人です。映画やテレビで知られる座頭市を紹介しながら，この問題にふれることができます）。この当道座は，はり・按摩(あんま)・灸(きゅう)の職業を盲人固有のものとして専有化し，1871（明治 4）年に解体されるまで，盲人の経済的基盤となりました（ただし，この組織は男性の盲人に限定され，女性の盲人には瞽女(ごぜ)座という別の組織がありました）。このように職業を得て経済的に自立することは，盲人の力を飛躍的に向上させました。最高位の検校となった明石覚一は，後醍醐(ごだいご)天皇をはじめ室町幕府の中枢ともつながりをもちました。また大和の国では，1480（文明 12）年に盲人一揆(いっき)も発生しました。このことは，盲人の地位の向上を示しており，一揆を起こすほどの自立しようとする力が，当時の盲人にはあったといえます。当道座は優

表 6-2　指導計画

単 元 名：「障がい者（児）の社会における位置づけの変遷史におけるプラス面」
対　　象：中学校・高等学校の生徒
単元目標：・障がい者（児）の社会における位置づけの変遷史におけるプラス面の事例を知る。
　　　　・古代律令国家の租・庸・調の税制における障がい者（児）の免税措置について知る。
　　　　・当道座における盲人の自立に向けた動きを知る。
授業計画：①古代律令国家の租・庸・調の税制の免税措置
　　　　・班田収授の法についてとらえる。
　　　　・籍帳にみられる 100 例を超える免税事例を紹介する。
　　　　・籍帳にみられる残疾・廃疾・篤疾の 3 つの障がいの具体例を紹介し，現在の障がいとのちがい，3 つの区分の共通性についてとらえる。
　　　　②当道座の結成と盲人の自立の動き
　　　　・座について確認する。
　　　　・当道座の結成の経緯について知る（座頭市の意味にふれる）。
　　　　・当道座における，はり・按摩・灸による経済的自立，情報力について知る。

れた情報網ももち，たとえば江戸幕府末期には，ペリーの浦賀への来航の情報をいち早く得ていたともいいます。

このような盲人の自立を模索する社会的位置づけは，歴史における新たな障がい者像を提供しており，生徒たちにも教材化し伝える意義があります。

この取り組みの1例を表6-2に示します。

3 障がい児教育・福祉にかかわった人たちから学ぶ

a 障がい児教育にかかわった人たち

もう1つ別の視点もあります。障がい児教育の関心のもち方やとらえ方から，さまざまな教育思想家について再検討することが有益です。

たとえば，フランスの著名な思想家で，『エミール』を残したルソー（Rousseau, J.J.）が，じつは障がい児教育関係者と深いつながりがあった事実についてはあまり知られていません。18世紀にペレーラという人物が聾啞児への感覚訓練により音声語を教えようとしますが，彼と親交のあったルソーは，その聴覚障がい児教育の見聞にもとづいて『エミール』の感覚教育の記述をまとめたとされています。

また，スイスの優れた教育実践家であり思想家でもあるペスタロッチ（Pestalozzi, J.H.）も，障がい児教育とのかかわりは深いものがあります。彼のノイホーフの施設には，知的障がい児や肢体不自由児も含まれ，彼らの人権を守り，彼らを自立へと導く人間教育・労働教育が展開されていました。ドイツ語圏では，二度の世界大戦を挟んで治療教育の学問的基礎を築きましたが，教育養成・施設実践等の基盤をつくり上げたハンゼルマン（Hanselmann, H.）やモア（Moor, P.）の源流に，このペスタロッチが位置づけられています。

この他にも，今なお大きな影響をおよぼしているシュタイナー（Steiner, R.）やモンテッソーリ（Montessori, M.）もまた，障がい児へのアプローチをふまえつつ，自らの教育や保育思想を深めていきました。さらに，ドイツ教育思想の巨匠であるシュプランガー（Spranger, E.）の治療教育理解には多くの問題がみられたのに対し，イエナ大学付属実習校でイエナプランを実践したイエナ大学教授のペーターゼン（Petersen, P.）は，新教育運動の児童観を学習遅滞児や知的障がい児にもあてはめ，このような子どもに対して肯定的な評価を加えつつ，自主的活動を尊重した教育実践を展開しました。彼の教育実践・理論の深部には，障がい児教育が存在した

のです。

　ここで重要なポイントは，実践的にも学問的にも専門分化されていく以前には，通常教育と障がい児教育のあいだに積極的な実践家・思想家の交流も存在し，相互に影響をおよぼしていたという点です。

　障がい児を取り除いたところで構築された教育思想は，たとえそれが壮大なものであっても，どこかに弱点をかかえているかもしれず，さらにいえば，障がい児を含め例外なくすべての子どもに通用する教育思想を構築することにより，内実を豊かにして"本物"になるのではないでしょうか。

b　盲教育・聾教育にかかわった人たち

　障がい児教育・障がい者福祉にかかわった人のなかで，盲教育・聾教育の成立にかかわった人を取り上げることは，手話等につなげる意味でも意義があります。

　すでに指摘したように，アリストテレスによる「言葉を持たない聾唖者は人間的知性にあずかれない」という指摘により，ことばを聞くことが知性を働かせる必須条件ととらえられ，聾教育の誕生を遅らせました。

　14世紀にイタリアで始まって全ヨーロッパに拡がったルネッサンスと，それに続く人文主義・社会科学の隆盛が人間性の回復をもたらし，障がい観も変化していきました。そのようななか，障がい児の教育可能性が示され，まず私的なレベルで教育の試みが始まりました。

　まず教育は，聾唖教育から始まりました。レオナルド・ダ・ビンチは聾唖者の読唇について観察・記録し，カルダーノによって初めて理論的に聾唖者の教育可能性が問題にされました。それは，音声の聞こえない聾唖者も，目に見えるかぎり身振りや書きことばによって教育することは可能というものでした。

　実際に，聾唖教育の可能なことを成功裡に示した最初の人は，スペインのベネディクト派修道院の僧侶学者であったペドロ・ポンセです。彼はカルダーノとは異なり，指話アルファベットを用いて話しことばの習得をめざし，発音指導を行って口話獲得の道を開きました。

　当時のスペインで聾教育が盛んになったのには理由があります。貴族階級において聾唖者の出現率が高く，財産相続の際にことばをもたない聾唖者に法的制限があったからです。聾教育の需要の高まりによって，フランシスコ・ベラスコという聾唖者は，ポンセに教えられ，侯爵家の家督を無事相続することができました。

第6章　障がい者(児)の歴史の教材化

フランスでは，最初の偉大な聾唖者の教師であったスペイン系ユダヤ人のペレイラが，全ヨーロッパから生徒を集めて名声を博しました。ペレイラは，近代精神薄弱教育の父と呼ばれるイタールにも影響を与えました。

　このような私的教師に対して，身分や財産の区別なくすべての聾唖者に学校の門戸を開いたのは，ドウ・レペです。彼は1760年に貧しい聾唖児を集め，個人教授ではなく集団教育を試み，フランスのパリに世界最初の聾学校を創設しました。この学校は，1778年にルイ16世から建物と教育費の援助が与えられ，今日のパリ国立聾学校へと発展していきます。ドウ・レペは，この学校での教育方法として，口話法ではなく手話法を用いました。その理由について，彼は次のように述べました。

　「聾唖者の自然な言語は身振り語であり，それが，彼らの母国語である」

　彼の聾唖者のことを第一に考えた人道主義とそれに裏づけられた教授法は，フランス法として世界に普及していきました。

　一方，口話法については，ドイツでハイニッケが伝統的なポンセ等の音声言語法を発展させ，1778年にドイツで最初の国立聾学校を創設しました。ハイニッケは，人間を人間らしく動物以上にするのは言語とし，聾唖者も言語に対する内面的要求と言語を形成する力をもっているとしました。そして，彼は，文字言語を音声言語の下位に置きました。

　こうして，フランス法とドイツ法の対立が起こり，ドウ・レペとハイニッケのあいだでも往復書簡による論争が行われました。

　この対決は，1880年のミラノでの第2回聾唖者教育国際会議で，ドイツ法，すなわち口話法が採用され，フランス法が放棄されることで，一応の決着がつきました。しかし，ハイニッケの保守的態度とドウ・レペの人道主義にもとづく姿勢が影響を与え，フランス法が普及して，受け継がれていくことになりました。こういった普及のあり方は，欧米各国や日本の聾唖者教育においても，口話法が主流になりながらも手話法も生き続けたことや，現在で手話の重要性が指摘されたりトータルコミュニケーションが主張されたりすることの原点として，この成立期にみることができます。

　ドウ・レペの考え方は，盲教育の成立にも影響を与えました。バレンティン・アユイは，1784年にフランスのパリに世界最初の盲学校を創設し，盲教育の父と呼ばれました。アユイ自身が指摘しているように，彼が盲教育を構想した理由は，ド

ウ・レペの取り組みに感銘を受け，聾唖者と同じように貧しい盲児に読み方を教えて職業を授けたいと考えたことにありました。

　このような聾唖教育・盲教育の成立の経緯にかかわった人物像の想いや理念をふまえて生徒たちにとらえさせ，障がい児教育を支える理念やかかわる教師の考え方の重要性や，聾唖者にとっての手話の母国語としての位置づけ等を教えることができると思います。この取り組みの1例を表6-3で示します。この他にも，取り組みの一定の成功例としてヴィクトール（勝利）と名づけられたアヴェロンの野生児への教育を行ったイタールから，精神薄弱教育の父と呼ばれるセガン，幼児教育者としても知られるモンテッソーリへとつながる感覚教育の系譜の教材化も求められます。

表6-3　指導計画

```
単 元 名：「聾唖児教育，盲教育の成立」
対　　 象：中学校・高等学校の生徒
単元目標：・聾唖教育の成立の背景を知る。
         ・盲教育の成立の背景を知る。
         ・ドウ・レペやアユイが教育に取り組んだ想いについて考える。
授業計画：①世界における聾唖教育の成立の背景
         ・貴族の子弟である聾唖児への私的教育としての聾唖児教育の始まりについて知る。
         ・ドウ・レペの世界最初の聾唖学校の創設と手話法に込めた想いを考える。
         ・ハイニッケの口話法と第2回聾唖者教育国際会議における口話法採用の意味について考える。
         ②世界における盲教育の成立
         ・世界最初の盲学校を創設したアユイについて知る。
         ・アユイへのドウ・レペの影響をとらえる。
         ③世界の聾唖教育と盲教育の成立にかかわった人たちの理念から何を学ぶか，グループおよびクラス全体で考える。
```

以上，障がい理解教育における障がい者（児）の歴史とその教材化について，指導計画案を示しながらみてきました。
　ひと口に障がい者（児）の歴史の教材化といっても，この第6章で紹介したように，歴史における障がい者（児）の位置づけの変遷，そのとらえ方——現代への警鐘としてのマイナスの面の取り上げ方とプラスの面を取り上げる意義——障がい児教育・福祉にかかわった人たち，盲教育・聾教育にかかわった人たち，と切り口はさまざまです。
　この障がい理解教育の歴史の教材化には，まだまだたくさんの課題がありますが，だからこそ授業実践にぜひ取り入れてほしいと思います。
　なぜなら，われわれが知り学ぶ歴史は，障がいのない人を中心につくられた歴史であり，障がいのある人の歴史について，われわれはもっと知らなければならないからです。そのためには，「古代＝障がい者（児）の遺棄の時代」「中世・（日本独自の）近世＝障がい者（児）の保護の時代」「近代＝障がい児教育・障がい者福祉の成立・展開の時代」「現代＝人権をベースとした教育的インテグレーション・教育的インクルージョンやノーマライゼーション社会に向かおうとする時代」と単純にとらえるのではなく，歴史を複層的にとらえ，いつの時代にも別のとらえ方があることを知る必要があります。
　というのも，今は，「人権をベースとした教育的インテグレーション・教育的インクルージョンやノーマライゼーション社会に向かおうとする時代」と言いながら，権利意識をしっかりと位置づけなければ，われわれはいつ遺棄・迫害の立場に立つかわかりません。さらに，歴史的事実にみられる過去のあやまちや逆にすばらしい取り組み，その背景にある障がいに対するとらえ方を学ぶことで，今のわれわれの障がいのとらえ方を見直すことができるのです。
　だからこそ，子どもたちには，障がい者（児）の歴史をしっかりと伝えていく必要があるといえます。

付録

障がい理解教育に絵本・児童文学，映画，漫画を活用する

障がい理解教育に，絵本・児童文学，映画，漫画等の「文化作品」を活用することの有効性が注目されています。
それぞれの文化作品を紹介し，活用する際の注意点を述べます。

1 障がい理解教育と「文化作品」

　障がい理解教育を進めていくうえで，絵本・児童文学，映画，漫画等（本稿ではこれらを一括して便宜的に「文化作品」と表現します）の活用が有効だと考えられる場合があります。実際に，絵本・児童文学を用いた障がい理解教育は，少なからず実践されてきています。黒川・是永（2006）が高知市立小学校を対象に行った調査の結果をみても，交流学習を除くと，障がい理解教育において，絵本や児童文学を含む読み物教材を用いたものが重要な部分になっています。
　絵本・児童文学には，障がいのある人の姿を視覚的にとらえることができるものが少なくありません。また，障がい児者をめぐるストーリーが具体的に展開されるため，子どもにも理解しやすいのです。さらに，障がい問題を，知識として理解するだけでなく，感性の面で受けとめることにも役立つと考えられます。このような「文化作品」を豊かに活用していくことで，障がい理解教育が充実したものになる可能性があります。
　しかし，障がい理解教育で用いられる「文化作品」が特定のものに限られている現状もうかがえます。先述の黒川・是永による調査の結果をみると，1年生や2年生の障がい理解教育において，『さっちゃんのまほうのて』を活用している学校が非常に多いようです。水野（2008）も指摘していますように，

『さっちゃんのまほうのて』は障がい理解教育の教材として優れた面をもちますが，他にも多様な障がい理解教育があってよいはずです。子どもたちの実態と課題に応じたものを教材として活用していくことが求められます。教師・大人がさまざまな「文化作品」にふれることで，自らの障がい理解を深めるとともに，障がい理解教育の幅を広げていくことが望まれます。

　そこで，本稿では，障がい問題を扱った絵本・児童文学，映画，漫画を紹介します。それぞれの現場の実態に応じた障がい理解教育のあり方を探るうえで，このリストが少しでも参考になればと思います。

　ただし，リストにあげた作品における障がい問題の描かれ方については，それが必ずしも適切なものだというわけではありません。不適切さを含む作品が障がい理解教育の素材にならないわけではありませんが，リストにある作品を実際に教材として活用する際には十分な教材研究が必要だと考えています。

　また，本稿の作品リストは，障がい問題を扱った絵本・児童文学，映画，漫画を網羅したものではありません。作品リストにあげたもの以外にも，障がい理解を深めていくうえで価値ある作品は少なくないはずです。リストにはない作品にもぜひ関心を向けてもらいたいと思います。

　なお，作品リストの作成は，以下のような方向性で行ったものです。

　第一に，比較的新しい作品をリストにあげるようにし，ほとんどが1990年代半ば以降の作品になるようにしました。描かれる状況や問題がなるべく現在に近いほうが障がい理解教育の素材として活用しやすいと考えられることも理由ですが，一般に新しい作品のほうが手に入りやすいというのも1つの理由です。また，絵本・児童文学については，後述のように，障がいを扱った作品のガイド・リストが過去に出されていますので，1990年代半ば以前の作品についてはそれらを参照してもらいたいと思います。

　第二に，いわゆる「軽度発達障がい」や知的障がいなど，肢体不自由・視覚障がい・聴覚障がい以外の障がいを扱った作品をなるべく優先的にリストにあげるようにしました。従来の障がい理解教育が肢体不自由等の「わかりやすい」障がいに関する内容に傾斜する傾向があったことへの問題意識が理由です。身体障がいをめぐる問題に関する理解も重要ですが，知的障がいや「軽度発達障がい」をめぐる問題の理解は，今後さらに重視されなければならない課題です。

2 絵本・児童文学を活用する

　絵本・児童文学は，幼児や小学生を対象とした障がい理解教育においてのみ活用できるものだと思われるかもしれません。しかし，良質な作品は，中高生はもちろん，大人にとっても価値あるものでありえます。生徒の生活年齢を考慮することは必要ですが，中学校や高校において絵本・児童文学が教材にできないということではありません。大学・短大においても障がい理解を深めるために絵本を用いることができます。活用方法を工夫することで，障がい問題を扱った絵本・児童文学はさまざまな用い方が可能になると思います。

　そのような障がい問題を扱った絵本・児童文学を広く紹介するものとして，菊地澄子・長谷川潮・荒未知子（編）『やさしさと出会う本――「障がい」をテーマとする絵本・児童文学のブックガイド』（ぶどう社，1990）があります。このブックガイドにおいては，185点の絵本・児童文学のリストが掲載されており，そのうち65点については詳しい内容紹介がされています。

　また，山口洋史・山田優一郎・障がい児と児童文学研究会『知的障害をどう伝えるか――児童文学のなかの知的障害児』（文理閣，1998）は，知的障がいを扱った児童文学のリストを付録としており，児童文学を用いた授業例も紹介しています。

　そして，真城知己『「障害理解教育」の授業を考える』（文理閣，2003）では，大学において学生が行った，児童文学作品を用いた障がい理解教育の模擬授業が紹介されています。

　作品リストは，このようなこれまでの蓄積をふまえて，比較的新しい作品を中心に作成したものです。児童文学だけでなくノンフィクションの読み物もいくつか含まれていますが，『発達と障害を考える本』（ミネルヴァ書房）や『障害を知る本』（大月書店）のようなシリーズ本や，もっとも新しいものでは，平林あゆ子監修『障がいを理解するための絵本』（風間書房，2011）は含めていません。

　なお，作品リストの作成にあたり，「ほんナビきっず」を参考にしました。「ほんナビきっず」は，（財）大阪国際児童文学館・筑波大学図書館情報メディア研究科・（株）富士通東北システムズの共同研究で作成された，子ども向けのインターネットサイトです。「絵本」「低学年よみもの」「詩」といった「本の種類」，本の内容のジャンル，キーワードなどから本を検索できます。障がい理解教育にかかわる絵本・児童文学を検索することもできます。

　作品リストにあげた絵本についてみ

ると，LD・ADHD・自閉症を扱った作品が出されてきており，障がい問題をめぐる社会的認識の変化がうかがえます。しかし，全体としてみると，やはり肢体不自由について扱った作品が大きな割合を占め，知的障がい児者が登場する作品はあまり多くありません。

一方，より年長の子ども向けの児童文学をみますと，知的障がいを扱ったものが多くあります。また，数は少ないのですが，アスペルガー症候群や自閉症の少年が登場する作品もみられます。作品の対象年齢によって，描かれる障がい問題の種類に差がある傾向がうかがえるのです。

絵本

『ありがとう、フォルカーせんせい』
パトリシア・ポラッコ（作・絵）
香咲弥須子（訳）
岩崎書店　2001

読み書き障がいのある女の子トリシャがフォルカー先生に出会う。

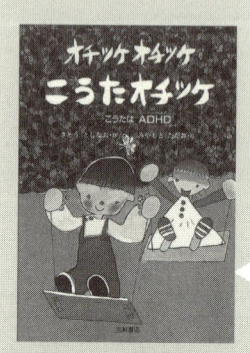

『オチツケオチツケ こうたオチツケ』
さとうとしなお（作）
みやもとただお（絵）
岩崎書店　2003

ADHDの子どもの視点から本人の気持ちなどを伝える絵本。

『たっちゃん ぼくがきらいなの』
さとうとしなお（作）
みやもとただお（絵）
岩崎書店　1996

自閉症の理解を助ける絵本。

『あかいりんご』
赤松まさえ
いわさきさよみ（絵）
けやき書房　1999

養護学校（特別支援学校）を卒業して作業所で働く人々が描かれる。

『学校つくっちゃった！』
エコール・エレマン・プレザン他（著）
ポプラ社　2006

ダウン症の子どもたちがつくった学校の日々を追った写真絵本。

『のんちゃん』
ただのゆみこ
小峰書店　1996

ダウン症ののんちゃんが小学校の通常の学級に通う。

『車いすのおねえちゃん』
ステファン・ボーネン（作）
イナ・ハーレマンス（絵）
野坂悦子（翻訳）
大月書店　2007

交通事故に遭って車いすで登校する姉をみる，弟の気持ちを描く。

『おんちゃんは車イス司書』
河原正実（原案）
梅田俊作（作・絵）
岩崎書店　2006

車いすに乗って図書館で働く実在の司書をモデルにした絵本。

『ノエルのおさんぽ』
るりこ・デュアー（文）
たかはしみちこ（絵）
メディアファクトリー　2001

右半身が不自由なノエルが，マミィと散歩に出かける。

『プレゼント』
おとたけひろただ（ぶん）
さわだとしき（え）
中央法規出版　2000

『五体不満足』の著者である乙武洋匡の体験がもとになった絵本。

『くつが鳴る』
手嶋洋美（作）
あべまれこ（絵）
BL出版　2000

肢体不自由のある陽子が公園に歩く練習に行く。

『おねえちゃんとわたし』
ミッシェル・エマート（文）
ゲイル・オーウェン（絵）
岡田なおこ・太田真智子（訳）
小学館　1999

脳性麻痺（まひ）の姉を妹の目から語る。

『わたしの足は車いす』
フランツ＝ヨーゼフ・ファイニク（作）
フェレーナ・バルハウス（絵）
ささきたづこ（訳）
あかね書房　2004

車いすで生活しているアンナが初めて1人でお使いに行く。

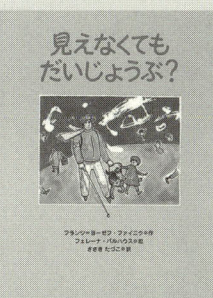

『見えなくてもだいじょうぶ？』
フランツ＝ヨーゼフ・ファイニク（作）
フェレーナ・バルハウス（絵）
ささきたづこ（訳）
あかね書房　2005

迷子になったカーラに視覚障がいのあるマチアスが声をかける。

＊本稿で掲載している書籍のなかには，在庫切れのため現在入手できないものがあります。

付録　障がい理解教育に絵本・児童文学，映画，漫画を活用する

絵 本 （つづき）

『わたしたち手で話します』
フランツ＝ヨーゼフ・ファイニク（作）
フェレーナ・バルハウス（絵）
ささきたづこ（訳）
あかね書房 2006

聴覚障がいのあるリーザの前に男の子が現れ，手話でコミュニケーションをする。

『せなかをとんとん』
最上一平（作）
長谷川知子（絵）
ポプラ社 1996

聴覚障がいのある父親と1年生の男の子との日常が描かれる。

『ぼくは海くんちのテーブル』
西原敬治（ぶん）
福田岩緒（え）
新日本出版社 2002

重度障がいのある海くんを見守り続けたテーブルが語る。

『チーちゃんのくち』
わたなべまみ（ぶんとえ）
日本口唇口蓋裂協会（監修）
口腔保健協会 2005

口唇裂の娘をもつ著者による絵本。

『キツネ』
マーガレット・ワイルド（文）
ロン・ブルックス（絵）
寺岡襄（訳）
BL出版 2001

片一方の目の見えないイヌと飛べないカササギが助けあうところへ，キツネがやってくる。

『くろいちょうちょ』
シルビア・フォルツァーニ
辻田希世子（訳）
講談社 2002

地雷で足をなくした男の子の話。

『ベトちゃんドクちゃんからのてがみ』
松谷みよ子（文）
井口文秀（画）
童心社 1991

ベトナム戦争時の米軍の枯葉剤の被害を受けたきょうだいについての絵本。

児童文学

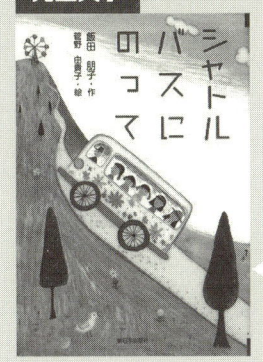

『シャトルバスにのって』
飯田朋子（作）
菅野由貴子（絵）
新日本出版社　2008

咲記たちが計画したピクニックに，知的障がいのある姉が一緒に行くと言い出す。

『だんご鳥』
飯田朋子（作）
長野ともこ（絵）
新日本出版社　2007

あすなろ学園を卒業した姉が，両親の営むラーメン店で働くことになる。

『たんぽぽ たんぽぽ』
赤松まさえ
長野ヒデ子（絵）
けやき書房　2007

養護学校（特別支援学校）を卒業した障がい者が作業所でがんばる姿が描かれる。

『みんなのたんぽぽがっきゅう』
赤松まさえ
いわさきさよみ（え）
けやき書房　1997

障がい児学級の様子が描かれる。

『がんばれ！たんぽぽがっきゅう』
赤松まさえ
新堂渓子
けやき書房　1990

障がい児学級の様子が描かれる。

『そらいろマフラー』
北川チハル（作）
河原まり子（絵）
岩崎書店　2003

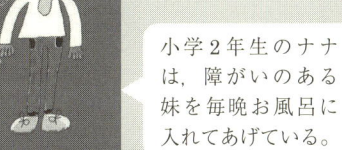

小学2年生のナナは，障がいのある妹を毎晩お風呂に入れてあげている。

『チコのまあにいちゃん』
北川チハル（作）
福田いわお（絵）
岩崎書店　2002

妹と知的障がいのある兄との交流が描かれる。

『大ちゃん』
星あかり（作）
遠藤てるよ（絵）
大日本図書　2003

母親が入院し，知的障がいのある大ちゃんの面倒を妹がみる。

付録　障がい理解教育に絵本・児童文学，映画，漫画を活用する

児童文学 （つづき）

『もも子・ぼくの妹』
星あかり（作）
石倉欣二（絵）
大日本図書　2001

ふたごの妹のもも子は，知的障がいと筋萎縮症があり，9歳で亡くなる。

『ゆき』
蛤谷糸美（作）
やべみつのり（絵）
汐文社　2000

ダウン症で生まれた妹と家族の物語。

『天使たちのカレンダー』
宮川ひろ（作）
ましませつこ（画）
童心社　1998

ゆりの木小学校ののびのび教室の様子が描かれる。

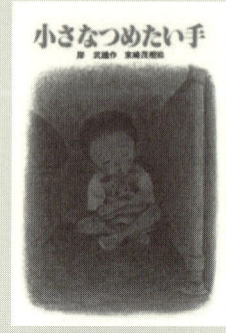

『小さなつめたい手』
岸武雄（作）
末崎茂樹（絵）
新日本出版社　1995

障がい児学級1年生の信ちゃんが拾った子犬を，クラスで飼うことになる。

『こすもすベーカリー物語』
日本児童文学協会（編）
新日本出版社　2008

祖父は，ダウン症の孫に「平和のバトン」を渡したいと語る。短編集。

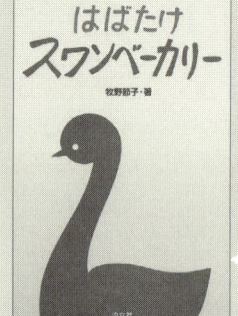

『はばたけスワンベーカリー』
牧野節子
汐文社　2003

障がいのある人が働くパン店「スワンベーカリー」が紹介されている。

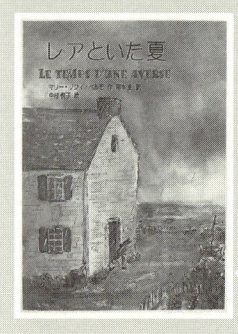

『レアといた夏』
マリー・ソフィ・ベルモ（作）
中村悦子（絵）
南本史（訳）
あかね書房　2007

ダウン症の少女レア，心に傷をもつ少女ローズ，少年トムをめぐる物語。

『山頂にむかって』
スティーナ・アンデション（文）
藤沢和子（監修）
エバ・ベーンリード（写真）
寺尾三郎（訳）
愛育社　2002

知的障がいのある仲間の登山の物語。読みやすいLLブック。

『わたしたちのトビアス学校へいく』
ボー・スベドベリ（文・写真）
ラグンヒルド・ロベレ（イラスト）
オスターグレン晴子（訳）
偕成社　1998

ダウン症のトビアスがスウェーデンで学校に通う様子が描かれる。

『おかえり春子』
丘修三（作）
武田知万（絵）
オモドック　1992

障がいのある子どものきょうだいの心を描く短編集。

『旅の夢かなえます』
三日月ゆり子（著）
おちあやこ（本文イラスト）
大日本図書　2008

車いすで旅をする人たちが紹介される。

『ぼくたちは、いつまでも』
関谷ただし（作）
ヒロミチイト（絵）
そうえん社　2007

席がえで隣になったのは，筋肉が縮んでいく病気で車いすの神山くんだった。

『サムデイ〜いつか〜』
岡田なおこ（作）
サカイノピー（絵）
岩崎書店　2007

母を病気で亡くした6年生のまりえが，車いすのくるみさんに出会う。

『ひなこちゃんと歩く道』
岡田なおこ（作）
まるおたお（画）
童心社　2002

足に障がいのある女の子が転校してきて，班の子たちと仲よくなっていく。

『風のハンドルは白い雲』
小林あき（作）
国井節（絵）
岩崎書店　2000

交通事故に遭った兄のつきそいで，マキは障がい者のための自動車教習所に行く。

『口で歩く』
丘修三（作）
立花尚之介（絵）
小峰書店　2000

タチバナさんは車輪つきベッドに横になったまま散歩に出かける。

付録　障がい理解教育に絵本・児童文学，映画，漫画を活用する

児童文学 （つづき）

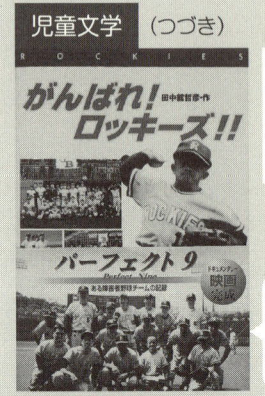

『がんばれ！ロッキーズ！』
田中舘哲彦
汐文社　1999

身体障がい者の野球チーム「ロッキーズ」が紹介される。

『あしたもカンけり』
今関信子（作）
福田岩緒（絵）
新日本出版社　1998

良子は小児麻痺になった，たみ子を背負ってカンけりを始める。

『やさしさの坂道』
清水宏子（著）
佐藤真紀子（画）
ポプラ社　1995

若年性りゅうまちで車いす生活になった著者が大学を卒業して就職するまで。

『海くん、おはよう』
西原理乃
新日本出版社　1999

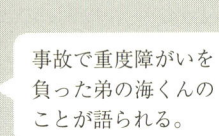

事故で重度障がいを負った弟の海くんのことが語られる。

『ぼくはうみがみたくなりました』
山下久仁明
ぶどう社　2002

看護学校に通う女子学生が自閉症の少年に出会い，ドライブに出る。

『夜中に犬に起こった奇妙な事件』
マーク・ハッドン
小尾芙佐（訳）
早川書房　2003

夜中に近所の飼い犬が殺され，自閉症の少年が犯人を捜す。

『ベンとふしぎな青いびん』
キャシー・フープマン（作）
木村桂子（絵）
代田亜香子（訳）
あかね書房　2003

コンピュータ好きのアスペルガー症候群の少年をめぐる物語。

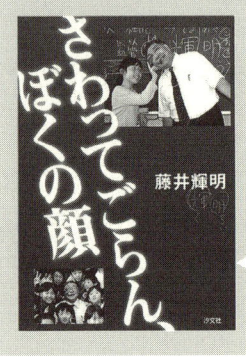

『さわってごらん、ぼくの顔』
藤井輝明
汐文社　2004

顔に病気や障がいをもつ人たちへの差別と偏見をなくすためのメッセージ。

『み～んなそろって学校へ行きたい！』
井上有香（文）
下川和洋（監修）
晶文社　2005

医療的ケアを必要とする子どもとその家族を描くノンフィクション童話。

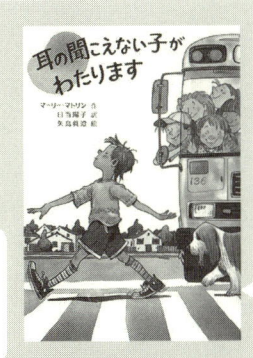

『耳の聞こえない子がわたります』
マーリー・マトリン（作）
矢島眞澄（絵）
日当陽子（訳）
フレーベル館　2007

少女シンディと耳の聞こえない少女ミーガンの交流が描かれる。

3　映画を活用する

　映画のなかにも，障がい児者が登場する作品や，障がい問題を扱った作品が少なくありません。絵本や児童文学が幼児や小学生の障がい理解教育に活用しやすいのに対して，そうした映画の多くは，より年長の子ども・青年・成人の障がい理解を深めることに役立つと思われます。

　もっとも，映画作品は90分から150分くらいの長さをもつものが多く，時間的な問題から，学校の授業における活用には制約があるかもしれません。しかし，学校において映画鑑賞の機会をつくることは可能ですし，集団での鑑賞が難しい場合でも作品を子どもたちに紹介することはできると思います。また，映画をとおして教師・大人が障がいをめぐる問題について理解を深めることは，障がい理解教育を進めるうえでも意義のあることでしょう。障がい理解教育という視点からも，映画は注目されるべき文化です。

　映画については，さまざまなテーマとの関係で障がいをめぐる問題が扱われることが多いことも注目されます。たとえば，ベトナム戦争時に米軍が使用した枯葉剤の被害を追うドキュメンタリー映画『花はどこへいった』は，枯葉剤の影響で障がいのある子どもが生まれ続けている実態を伝えるだけではありません。世代を越えて被害をおよぼす戦争の問題，障がいのある子どもを大切に育てる家族の姿，米兵だった夫の死をきっかけに枯葉剤被害について調べた監督の生き方などについても考えさせられます。1つの映画はさまざまな教育的メッセージを含んでおり，障がい理解をより奥行きのあるものにする可能性があります。

　また，日本での鑑賞が容易な外国作品が多いことも映画の特徴でしょう。

付録　障がい理解教育に絵本・児童文学，映画，漫画を活用する

日本で公開される映画にはいまだアメリカ合衆国の映画が多いものの，アジアやラテンアメリカで製作された映画も公開されるようになってきています。そして，そのような外国映画のなかにも，障がい問題を扱った映画が少なくありません。具体的な課題は地域により差があるとしても，障がい問題は各国に共通する問題なのです。それらの外国映画をとおして障がい問題を考えることは，障がい理解の視野を広げることになると思います。また，障がい理解だけでなく国際理解を深めることになるかもしれません。人間や文化の差異を包容する意識・感性を育むうえで，映画が果たしえる教育的役割は小さくないのです。

　作品リストには，現時点においてDVD 等による鑑賞が比較的に容易だと思われるものを主にあげています。しかし，障がい問題を扱った映画のなかには，障がい問題関係者の協力のもとで製作され，DVD 化等はされないまま，上映会を重ねるかたちで公開されているものも多くあります（最近では『ふるさとをください』『筆子・その愛』『ふみ子の海』など）。そのような作品のなかにも優れたものは多く，目を向ける必要があります。

　なお，性的マイノリティにかかわる映画も近年多く製作されてきています（『横綱マドンナ』『キンキーブーツ』『アタック・ナンバーハーフ』『苺とチョコレート』など）。障がいをめぐる問題と性的マイノリティをめぐる問題とを同列に考えることはできませんが，人間の多様性，社会における少数者の位置，人権の平等性などにかかわる問題として，共通する面もあります。障がい理解をより広い人権理解・人権意識と結びつけていくような取り組みも重要であると思います。

映画

プライド in ブルー
中村和彦（監督）
日本（製作） 2007

知的障がい者のサッカー世界選手権に出場した日本代表を追ったドキュメンタリー。

ニワトリはハダシだ
森崎東（監督）
日本（製作） 2003

知的障がいのある15歳の少年サムと家族が警察の汚職事件に巻き込まれていく。

able/ エイブル
小栗謙一（監督）
日本（製作） 2001

ダウン症の青年と自閉症の青年とが米国でホームステイをする。

学校Ⅱ
山田洋次（監督）
日本（製作） 1996

北海道の養護学校（特別支援学校）を舞台にしたドラマ。

静かな生活
伊丹十三（監督）
日本（製作） 1995

大江健三郎の小説を原作とする，知的障がいのある兄とその妹とのドラマ。

こころの湯
チャン・ヤン（監督）
中国（製作） 1999

銭湯を営む父や知的障がいのある次男をめぐる家族のドラマ。

さくらんぼ 母ときた道
チャン・ジャーベイ（監督）
中国他（製作） 2007

夜道に捨てられていた少女が，知的障がいのある女性を母として育つ。

僕はラジオ
マイク・トーリン（監督）
米国（製作） 2003

知的障がいのある青年がアメフトのチームにかかわるようになる。

アイ・アム・サム
ジェシー・ネルソン（監督）
米国（製作） 2001

知的障がいのある父親と幼い娘との関係が描かれる。

カーラの結婚宣言
ゲイリー・マーシャル（監督）
米国（製作） 1999

軽い知的障がいのあるカーラが，同じ障がいのある男性と恋に落ちる。

ウィズ・ユー
ティモシー・ハットン（監督）
米国（製作） 1998

知的障がいのある青年と少女との交流が描かれる。

永遠のハバナ
フェルナンド・ペレス（監督）
キューバ他（製作） 2003

ダウン症の少年とその家族を含め，ハバナで暮らす12人の市民の生活が描かれる。

付録　障がい理解教育に絵本・児童文学，映画，漫画を活用する

映 画 （つづき）

学校Ⅲ
山田洋次（監督）
日本（製作） 1998

自閉症の息子と2人で暮らす女性が職業訓練校に通い始める。

マラソン
チョン・ユンチョル（監督）
韓国（製作） 2005

自閉症の青年がフルマラソンに挑戦する。実話をもとにしている。

音符と昆布
井上春生（監督）
日本（製作） 2008

嗅覚障がいの女性の前に，姉と名乗るアスペルガー症候群の女性が突然現れる。

モーツァルトとクジラ
ピーター・ネス（監督）
米国（製作） 2004

アスペルガー症候群をかかえるカップルの恋愛が描かれる。

サン・ジャックへの道
コリーヌ・セロー（監督）
フランス（製作） 2006

3兄弟の巡礼の旅に，読み書き障がいのある少年が加わる。

イン・ハー・シューズ
カーティス・ハンソン（監督）
米国（製作） 2005

LDがあり，仕事もうまくいかない女性主人公が高齢者施設で働くなかで変わっていく。

マイ・フレンド・メモリー
ピーター・チェルソム（監督）
米国（製作） 1998

難病をかかえた頭のいい少年と，体格のいいLDの少年との友情が描かれる。

ガチ☆ボーイ
小泉徳宏（監督）
日本（製作） 2007

記憶が1日しかもたない高次脳機能障がいの青年が学生プロレスに出会う。

パラレル
武藤数顕（監督）
日本（製作） 2008

交通事故に遭ったJリーガーが車いすバスケットの選手になっていく。

二人日和
野村恵一（監督）
日本（製作） 2004

京都で暮らす老夫婦が描かれる。妻はALS*に冒され，体が動かせなくなっていく。

ジョゼと虎と魚たち
犬童一心（監督）
日本（製作） 2003

大学生の青年が足の不自由な少女ジョゼに出会い，惹かれていく。

ウィニング☆パス
中田新一（監督）
日本（製作） 2003

交通事故で下半身不随になった高校生が車いすバスケットに出会う。

＊ALS……筋萎縮性側索硬化症。重篤な筋肉の萎縮と筋力低下をきたす神経変性疾患。

AIKI 天願大介（監督） 日本（製作） 2002	**潜水服は蝶の夢を見る** ジュリアン・シュナーベル（監督） フランス他（製作） 2007	**マーダーボール** ヘンリー＝アレックス・ルビン他（監督） 米国（製作） 2005	**エマニュエルの贈りもの** リサ・ラックス他（監督） 米国（製作） 2005
事故で下半身麻痺になった青年が合気柔術と出会い成長していく。	脳梗塞により全身が動かせなくなった男性が唯一動く左眼で綴った手記にもとづく。	体の自由を奪われた人々が車いすラグビーに打ち込む姿を追うドキュメンタリー。	西アフリカのガーナで生きる義足のアスリートを追ったドキュメンタリー。
家の鍵 ジャンニ・アメリオ（監督） イタリア（製作） 2004	**海を飛ぶ夢** アレハンドロ・アメナーバル（監督） スペイン他（製作） 2004	**オアシス** イ・チャンドン（監督） 韓国（製作） 2002	**まぼろしの邪馬台国** 堤幸彦（監督） 日本（製作） 2008
生まれてきた子どもを手放した父親が、15年を経て脳性麻痺のある息子と再会する。	事故で四肢麻痺になった男性が、26年間のベッド生活を経て、尊厳死を訴える。	刑務所を出所した青年と脳性麻痺の女性とのラブストーリー。	盲目の作家が、妻に支えられ、邪馬台国のあった場所を探求していく。
解夏 磯村一路（監督） 日本（製作） 2003	**ブラインドサイト** ルーシー・ウォーカー（監督） イギリス（製作） 2006	**ミルコのひかり** クリスティアーノ・ボルトーネ（監督） イタリア（製作） 2005	**Ray/レイ** テイラー・ハックフォード（監督） 米国（製作） 2004
視力を失っていく病に冒された青年と恋人との関係が描かれる。	目の見えない6人の子どもがエベレストの登山に挑戦するドキュメンタリー映画。	事故で視力を失った少年が盲学校に入り、音だけで物語をつくり出していく。	盲目のミュージシャン、レイ・チャールズの半生を描く伝記的映画。

映画 (つづき)

至福のとき
チャン・イーモウ（監督）
中国（製作） 2002

盲目の少女がにせの按摩室で働くなかで明るくなっていく。

ダンサー・イン・ザ・ダーク
ラース・フォン・トリアー（監督）
デンマーク（製作） 2000

同じ病をもつ息子のために働く，視覚障がいのある女性をめぐるドラマ。

太陽は，ぼくの瞳
マジッド・マジディ（監督）
イラン（製作） 1999

全寮制の盲学校に通う8歳の少年を主人公にしたドラマ。

最愛の夏
チャン・ツォーチ（監督）
台湾（製作） 1999

17歳のカンイが，視覚障がいの父親と知的障がいの弟のいる故郷に帰省する。

アイ・ラヴ・フレンズ
大澤豊（監督）
日本（製作） 2001

聾者であり，1児の母でもある女性カメラマンの生きる姿が描かれる。

アイ・ラヴ・ユー
大澤豊・米内山明宏（監督）
日本（製作） 1999

娘が学校でいじめられていることを知った聾者の母親が，聾者の劇団に入団する。

風の歌が聴きたい
大林宣彦（監督）
日本（製作） 1998

聴覚障がいのある青年が，聴覚障がいのある女性と結婚，トライアスロンに挑戦する。

どんぐりの家
山本おさむ（監督）
日本（製作） 1997

漫画を原作にしたアニメ映画。聾重複の人の共同作業所づくりなどが描かれる。

Dear フランキー
ショーナ・オーバック（監督）
イギリス（製作） 2004

父親の暴力で耳が聞こえなくなった9歳の息子と母親が，父親役の男に出会う。

きれいなおかあさん
スン・ジョウ（監督）
中国（製作） 1999

聴覚障がいのある息子と2人で暮らす母親が息子のために懸命に努力する。

ビヨンド・サイレンス
カロリーヌ・リンク（監督）
ドイツ（製作） 1996

聾者の両親をもつ少女がクラリネットを始める。

17歳のカルテ
ジェームズ・マンゴールド（監督）
米国（製作） 2000

精神科病院に入院した17歳のスザンナが病院で人と出会っていく。

シャイン	夕凪の街 桜の国	花はどこへ いった
スコット・ヒックス（監督）	佐々部清（監督）	坂田雅子（監督）
オーストラリア（製作）1995	日本（製作）　2007	日本（製作）　2007
精神障がいを乗り越え活躍する名ピアニストの実話にもとづくドラマ。	原爆が家族にもたらした運命が描かれる。じつは，七波の祖母や母は広島の原爆で亡くなっていた。	現在にまで続くベトナムの枯葉剤被害を追ったドキュメンタリー映画。

4　漫画を活用する

　漫画が教育の場において活用されることは必ずしも多くありません。また，漫画作品にはストーリーの長いものが多く，学校の授業においては扱いにくいかもしれません。しかし，現代の子どもにとって，漫画はもっとも身近で親しみやすい「文化作品」の1つであると思います。障がい理解の促進に漫画が役割を果たす可能性は十分にあります。障がい理解に役立つ漫画と子どもたちとを出会わせていくことも，教師・大人に求められます。

　作品リストには，障がいをめぐる問題が主要なテーマになっている漫画作品をあげました。障がい児者が登場する漫画は少なくありませんが，意識的に障がい問題を扱った漫画はあまり多くないように思われます。また，児童文学や映画には知的障がいや「軽度発達障がい」などを扱ったものが少なからずあるのに対し，漫画には肢体不自由や聴覚障がいにかかわる作品が多いようです。そのため，障がい問題を扱った漫画作品の幅は，広いとはいいにくいようです。しかし，障がい理解を深めるうえで価値ある作品は，確実に生み出されてきています。

　ただし，作品における障がい児者の描かれ方には注意が必要です。他の種類の「文化作品」にも共通することですが，作品のなかには障がいのある人が過剰に美化されて描かれている印象を受けるものがあります。漫画の場合には，きれいな絵に，そのような側面が反映されていることがあるように思われます。「純粋な障がい者」「前向きな障がい者」といった像にばかり接

することは，障がい児者に対する一面的な見方を助長する可能性があるため，慎重さが求められます。障がい理解教育に漫画を活用する場合にも，作品の性格を十分に把握しておくことが必要になります。

漫画

『だいすき!!──ゆずの子育て日記』
愛本みずほ
講談社
2005〜2010

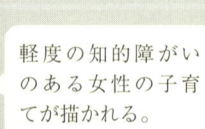

軽度の知的障がいのある女性の子育てが描かれる。

『光とともに…』
戸部けいこ
秋田書店
2001〜2010

生まれてから，小学生，中学生へと育っていく自閉症の子どもの子育てが描かれる。

『はだしの天使』
さがわれん
ぶんか社　2005

自閉症の子どもを育てる親の育児日記をもとにした作品。

『この星のぬくもり』
曽根富美子
ぶんか社　1997

高機能自閉症の本人の体験をもとにした作品。

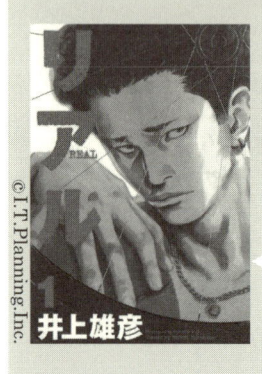

『リアル』
井上雄彦
集英社　1999〜

事故で他者に障がいを負わせた青年や車いすバスケットボール選手をめぐるストーリー。

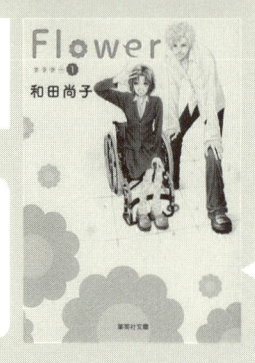

『Flower〜フラワー』
和田尚子
集英社
2000〜2006

中学3年生の夏に事故により車いすでの生活になった女の子が主人公。

『歩いていこう。』
折原みと
講談社　2004

事故で脊髄損傷を受けた女性が結婚して出産する。実話をもとにしている。

『一緒だよ。』
折原みと
講談社　2004

17歳で脊髄損傷を受けた男性と結婚して出産する。実話をもとにしている。

『てっちゃん』
池田文春
集英社　1996

脳内麻痺と診断された哲治が成長していく姿を実話をもとに描いている。
※在庫切れのため入手できません。

『聖――天才・羽生が恐れた男』
山本おさむ
小学館
2000～2002

難病をかかえながら活躍した棋士，村山聖の生涯が描かれる。

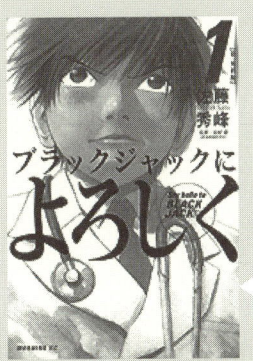

『ブラックジャックによろしく』
佐藤秀峰
講談社
2002～2010

研修医を主人公に医療現場が描かれる。精神科編なども含まれる。

『金魚奏』
ふじつか雪
白泉社
2005～2007

高校2年生の飛鳥が，耳の聞こえない雅生に恋をする。

『きみの声 ぼくの指』
横谷順子
講談社
2001～2003

高校に通う聾者の夏木るるが，大学受験を経て，大学生活を始めていく。

『君の手がささやいている』
軽部潤子
講談社
1992～1997

聴覚障がいのある女性が就職し，恋愛し，家族をつくっていく。

付録　障がい理解教育に絵本・児童文学，映画，漫画を活用する

漫画 (つづき)

『わが指のオーケストラ』
山本おさむ
秋田書店
1991～1993

1914年に大阪市立盲唖学校に赴任し、聾教育に携わった高橋潔を主人公にした作品。

『どんぐりの家』
山本おさむ
小学館
1993～1997

聾重複の子どもたちと家族の姿が、作業所づくりの道のりを軸に描かれる。

『どんぐりの家～それから』
山本おさむ
小学館　2007

高齢の聴覚障がい者の問題や、障がい者自立支援法が障がい者にもたらす問題が描かれる。

『静かなる夜のほとりで』
横谷順子
秋田書店
1995～1996

聴覚障がいのある高校生の美鈴が、高校、専門学校と進学していくなかで成長していく。

『プリズムの声』
大野潤子
小学館　1997

大学生の鈴が、聴覚障がいのある涼と出会い、障がいについて考えていく。

『いっしょに歩こう』
たなかしんこ
白泉社
1996～1997

盲導犬指導員の視点で、盲導犬とかかわるさまざまな視覚障がい者が描かれている。

『キミが見えなくても』
流田まさみ
講談社
2003～2004

瑞穂は高校時代に片想いしていた悦郎に再会するが、彼は失明していた。

『ハッピー！』
波間信子
講談社
1995～2010

事故で失明した女性が盲導犬や理解者との出会いを経て希望を取り戻していく。

5 「文化作品」を活用する視点

　最後に，障がい理解教育において「文化作品」を活用する際に重要だと考えられる視点を2つあげておきたいと思います。

　1つは，「文化作品」を教材として位置づける，という視点です。障がい問題を扱った絵本・児童文学を読んだり映画を鑑賞したりすれば，十分な障がい理解教育になるというわけではありません。どのような子どもたちにどのような「文化作品」を用いるのか，なぜその「文化作品」を用いるのかなどを考えることが求められます。また，1つの「文化作品」のなかで取り上げるべき点は何であるのかなどについても検討が必要です。教師・大人による教材研究が大切になるのです。

　もう1つは，「文化作品」の文化としての享受を正当に保障する，という視点です。障がい理解教育において「文化作品」を活用する場合，それは障がい問題についての教育を進めているだけでなく，1つの文化を伝えていることでもあります。そのことをふまえれば，「文化作品」を単なる道具として用いることには慎重でなければなりません。障がい理解教育のなかでも，1つの「文化作品」自体の価値が尊重される必要があると思います。たとえば，1つの「文化作品」の一部だけを授業に用いることが適切かどうか，考えてみてもよいでしょう。また，解説等を加えることで物語の流れを中断することがよいのかどうか，振り返ってみてもよいかもしれません。障がいをめぐる問題以外にその「文化作品」がもつテーマは何なのか，検討してみることも必要でしょう。障がい理解教育における「文化作品」の活用方法はさまざまあってよいのですが，作品自体を尊重する姿勢は大切なはずです。

　そのように「文化作品」への理解を深めることで，豊かな障がい理解教育を創造していくことができるのではないでしょうか。

付録　障がい理解教育に絵本・児童文学，映画，漫画を活用する

引用・参考文献

第 1 章～第 6 章

長谷川 綾（2011）平成 21 年度卒業論文「小学校特別支援学級における授業づくり——H 学級における『あたらしいいのち　じぶんのせいちょう』の授業分析を中心として」　大阪教育大学

冨永光昭（2011）「日本・ドイツにおける知的障害児の環境教育の特色——環境センター・特別支援学校視察から導きだされたもの」『大阪教育大学障害児教育研究紀要』第 32 巻

冨永光昭（2010）「ドイツにおける知的障害児の環境教育の現状と課題——持続可能な開発のための教育（ESD）の視座を問い直すために」『大阪教育大学紀要』第Ⅳ部門教育科学　第 59 巻 1 号　pp.125-141.

特別支援教育の実践研究会（編）「特集　交流及び共同学習の場で深める障害理解教育」『特別支援教育の実践情報』2010 年 7 月号　明治図書出版

廣瀬　文（2010）平成 20 年度卒業論文「M 市立 M 小学校における障がい理解に関する授業の実践と考察——視覚障がいへの理解と美術館のユニバーサル化を通じた障がい理解」　大阪教育大学

今枝史雄（2010）平成 20 年度卒業論文「人権学習に視点を置いた障害理解学習に関する一考察」　大阪教育大学

櫻井瑛里（2010）平成 20 年度修士論文「小学校における障がい理解に関する授業研究——M 小学校における障がい理解に関する授業への総合的質的授業分析を通して」　大阪教育大学

今井理恵（2010）「インクルーシブ教育実践の理論的枠組み——イギリスにおける Inclusive Schools 論に着目して」『日本教育方法学会紀要　教育方法学研究』第 35 巻

相川恵子・仁平義明（2009）『子どもに障害をどう説明するか』　ブレーン社

冨永光昭・平賀健太郎（編著）（2009）『特別支援教育の現状・課題・未来』　ミネルヴァ書房

西館有沙（2009）「小学校における障害理解教育プログラムの作成」『障害理解研究』第 11 号　pp.29-38.

新田沙知（2009）平成 19 年度卒業論文「小学校における障害理解教育の授業づくり——M 小学校における障害理解教育の授業分析を中心として」　大阪教育大学

内藤　恵（2009）平成 19 年度卒業論文「S 市立 K 小学校における障がい理解教育の授業づくり」　大阪教育大学

阿古目未央（2009）平成 19 年度卒業論文「K 市立 S 小学校における障がい理解教育の授業づくり」　大阪教育大学

堤　佳弘・今枝文雄・山本壮則・金森裕治（2009）「障がい理解学習の現状と実践的課題につい

ての基礎的研究――通常の学級における授業実践についての報告（第Ⅱ報）」『大阪教育大学紀要』第Ⅳ部門　第58巻第1号　pp.81-102.

堤　佳弘・今枝文雄・山本壮則・金森裕治（2008）「障がい理解学習の現状と実践的課題についての基礎的研究――通常の学級における授業実践についての報告（第Ⅰ報）」『大阪教育大学障害児教育研究紀要』第31号　pp.77-90.

西本章江（2008）平成18年度特別専攻科修了論文「通常学級における障害理解教育についての一考察――発達障害のある児童の支援に必要なユニバーサル化の視点から」　大阪教育大学

M市立M小学校（2008）人権教育研修資料「障害理解教育の取り組み」

金澤　潔（2008）平成18年度特別専攻科修了論文「障害理解教育を深める授業実践のあり方についての一考察――T小学校における障害理解教育の授業分析を中心として」　大阪教育大学

西澤佳宏（2008）平成18年度特別専攻科修了論文「障害理解教育を深める授業実践のあり方についての一考察――A小学校における障害理解教育の授業分析を中心として」　大阪教育大学

冨永光昭（2008）「特別支援教育の展望」　小笠原道雄・森川正・坂越正樹（編）『教育的思考の作法2　教育学概論』　福村出版　pp.209-220.

国立特別支援教育総合研究所（2008）「〔交流及び共同学習〕の推進に関する実際的研究　プロジェクト研究成果報告書」

文部科学省特別支援教育課（2008）「交流及び共同学習ガイド」
　　http://www.mext.go.jp/a_menu/shotou/tokubetu/010/001.htm

水野智美（2008）『幼児に対する障害理解指導――障害を子どもたちにどのように伝えればよいか』　文化書房博文社

柳澤亜希子（2007）「障害理解教育の意義と方法」　大沼直樹・吉川宗久（編著）『特別支援教育の基礎と動向――新しい障害児教育のかたち』　培風館　pp.192-201.

日本教職員組合障害児教育部発行（2007）「特別支援教育からインクルーシブ教育へ――実践のための提案と方針」

久保山茂樹（2007）「（論説）交流及び共同学習の現状と課題」　特別支援教育・文部科学省初等中等教育特別支援教育課（編集）『季刊　MEXT67』平成19年NO.25　東洋館出版社

太田俊己（2007）「（論説）交流及び共同学習の経緯と背景」　特別支援教育・文部科学省初等中等教育特別支援教育課（編集）『季刊　MEXT 67』　平成19年NO.25　東洋館出版社

全国特別支援教育推進連盟（2007）『交流及び共同学習事例集』　ジアース教育新社

大南英明（2007）『交流及び共同学習の取り組み』　明治図書出版

冨永光昭（2006）「ドイツにおける障害児の環境教育(1)」『障害児の授業研究』1月号　明治

図書出版　pp.44-45.

冨永光昭（2006）「ドイツにおける障害児の環境教育(2)——知的障害児への自然教育プログラム(1)」『障害児の授業研究』1月号　明治図書出版　pp.44-45.

冨永光昭（2006）「ドイツにおける障害児の環境教育(3)——知的障害児への自然教育プログラム(2)」『特別支援教育の実践情報』7月号　明治図書出版　pp.44-45.

久保山茂樹（2006）「交流及び共同学習の現状と課題——平成17年度及び共同学習に関する調査研究の結果から」『特別支援教育』No.25　東洋館出版社

黒川亜希子・是永かな子（2006）「障害理解教育の実際と課題——高知市立小学校における取り組みを中心に」『発達障害研究』Vol.28, No.2　日本発達障害学会

冨永光昭（2006）『特別支援教育の授業づくり——より良い授業を求めて』　ミネルヴァ書房

徳田克己・水野智美（編著）（2005）『障害理解——心のバリアフリーの理論と実践』　誠信書房

冨永光昭・法山昭栄（2005）「知的障害養護学校中学部における「総合的な学習の時間」の授業分析Ⅱ——総合的質的授業分析から新たな授業計画へ」『大阪教育大学障害児教育研究紀要』第27号　pp.55-69.

日本障害者スポーツ協会（監修）（2004）『みんなで楽しむ！障害者スポーツ（4）ユニバーサルスポーツ＆あそびアイデア集』　学習研究社

冨永光昭（2004）「「障害」・「発達」・「特別なニーズ」把握の教育学的原則」　藤井聰尚（編）『特別支援教育とこれからの養護学校』　ミネルヴァ書房　pp.86-105.

冨永光昭・法山昭栄（2004）「知的障害養護学校中学部における「総合的な学習の時間」の授業分析Ⅰ——総合的質的授業分析から新たな授業計画へ」『大阪教育大学紀要』第Ⅳ部門教育科学第53巻第2号　pp.49-72.

山本哲也（2003）「小学校・中学校を対象にした障害理解教育の実践——「できる」シミュレーションの効果」『つくば国際大学研究紀要』Vol.9

三浦正樹（2003）「障害理解教育において重視されるべき内容に関する調査研究」『芦屋大学論叢』Vol.28

全国障害者問題研究会全国大会「第9, 10分科会「共同教育・統合教育・交流」報告書」pp.94-127.

清水貞夫・玉村公二彦（編）（2003）「第11章　交流・共同教育と障害理解学習」『障害児教育の教育課程・方法〔改訂版〕』　培風館

真城知己（2003）『「障害理解教育」の授業を考える』　文理閣

小川敦弘・冨永光昭（2002）「質問紙調査の分析による障害理解教育の現状と課題」『大阪教育大学教育研究所報』Vol.37

大谷佳子（2002）「自分史の授業「ぼくのこと　わたしのこと」」　藤森善正・青木道忠・池田江美子・越野和之（編著）『交流・共同教育と障害理解学習——仲間を見つめ自分を育てる』

全障研出版部　pp.164-179.
真城知己（2002）「教員養成課程における「障害理解教育」実践者養成に関する研究 - 意識変化の特徴検討へのコンジョイント分析の応用」『発達障害研究』Vol.23, No.4
柴田昭二（2002）「「障害理解」を急がず、自分自身の成長・発達に確信を──小学校中学年で大切にしたいこと」『みんなのねがい』No.411
冨永光昭・小川敦弘（2002）「障害理解教育の授業分析の課題と方法：小学校第2学年の授業実践を通して」『大阪教育大学紀要』Ⅳ，教育科学 Vol.51, No.1
藤森善正（2002）「自分をみつめ、人間への理解を深める学習」『みんなのねがい』 No.411
藤森善正・青木道忠・池田江美子・越野和之（編著）（2002）『交流・共同教育と障害理解学習──仲間を見つめ自分を育てる』 全障研出版部
北川祐子（2002）「「わたしの本」、体の学習から誕生と成長の学習へ」 藤森善正・青木道忠・池田江美子・越野和之（編著）『交流・共同教育と障害理解学習──仲間を見つめ自分を育てる』 全障研出版部　pp.150-163.
冨永光昭（2001）「障害児教育の理念」『MINERVA　教職講座　障害児教育』　ミネルヴァ書房　pp.2-18.
堀尾雅美・徳田克己・福田　弘（2000）「障害児・者を理解するための教育の実践経験について──中学校の現状と教師の意識」『障害理解研究』第4号　pp.29-35.
宮本信也（2000）「通常学級にいる軽度発達障害児への理解と対応：注意欠陥多動障害・学習障害・知的障害」『発達障害研究』Vol.21, No.4　日本発達障害学会
冨永光昭（1999）「学力の基礎を培い、社会認識・自然認識の力量を形成する教科教育」『講座転換期の障害児教育第5巻　障害児教育方法の軌跡と課題』 三友社出版　pp.111-130.
冨永光昭（1999）「ドイツ語圏における治療教育学の展開──一般教育学とのかかわりを通して」 小笠原道雄（監修）『近代教育思想の展開』 福村出版　pp.302-323.
文部科学省（1998）『小学校学習指導要領』
真城和己（1998）「『障害』をどう考えるか」 山口洋史・山田優一郎（編著）『知的障害をどう伝えるか　児童文学のなかの知的障害児』 文理閣　pp.21-53.
徳田克己（1997）「障害理解における絵本「さっちゃんのまほうのて」の読み聞かせの効果Ⅱ：ハッピーエンドに対する期待と障害の永続性に関する認識の発達的変化」 日本読書学会編集委員会（編）『読書科学』Vol.41, No.1　日本読書学会
高橋　智・三上たみ（1996）「〈自由研究〉障害理解教育の方法論的検討」『障害者問題研究』Vol24, No.3　全国障害者問題研究会
青木道忠（1995）「（実践報告）学習の出発点としてのよりよい出会い──小学校における障害者理解の教育」『障害者問題研究』Vol.23, No.2　全国障害者問題研究会
徳田克己（1994）「障害理解における絵本「さっちゃんのまほうのて」の読み聞かせの効果」

日本読書学会編集委員会（編）『読書科学』Vol.38, No.4　日本読書学会

嶋津美保（1993）「中学校における「障害」理解教育の取り組み」『障害者教育科学』No.27

福島佳子・野崎千鶴子（1986）「心身障害児（者）に対する中学生の意識」『横浜国立大学研究紀要』Vol.26

津曲裕次他（編）（1985）『障害者教育史』　川島書店

斉藤博久（1984）「日本古代律令籍帳障害者考」『古代史の研究』6号

青木嗣夫・清水　寛（編）（1976）『君がいてぼくがある――共同教育を志向する実践』　ミネルヴァ書房　pp.231-248.

河野与一（訳）（1965）『プルターク英雄伝』　岩波書店（岩波文庫）　pp.125-126.

付録

菊地澄子・長谷川潮・荒未知子（編）（1990）『やさしさと出会う本――「障害」をテーマとする絵本・児童文学のブックガイド』　ぶどう社

黒川亜希子・是永かな子（2006）「障害理解教育の実際と課題――高知市立小学校における取り組みを中心に」『発達障害研究』第28巻第2号　pp.167-179.

真城知己（2003）『「障害理解教育」の授業を考える』　文理閣

水野智美（2008）『幼児に対する障害理解指導――障害を子どもたちにどのように伝えればよいか』　文化書房博文社

山口洋史・山田優一郎・障害児と児童文学研究会（1998）『知的障害をどう伝えるか――児童文学のなかの知的障害児』　文理閣

あとがき

　通常の学校におけるインクルーシブ教育を実質化するために，障がい理解教育は今後，よりいっそう重要性を増していくと考えられます。しかしながら，本書で指摘したように，現状ではただ対象として障がいのある児童生徒（障がい者，障がいの問題）をみて，「してあげる・助けてあげる存在」ととらえる障がい理解教育が随所にみられます。本書で言及した障がい理解教育の5つの原則をふまえ，授業実践自体を根本的に変える必要性を感じています。

　これからも現場の先生方やゼミの学生等と一緒になって，このような新たな原則にもとづく授業実践に取り組み，授業の典型を数多くつくり上げていきたいと思っています。そのためにも，全国の先生方からご意見をいただけたら幸いです。

　今回の出版における実践の紹介には間に合いませんでしたが，現在，大阪教育大学特別支援教育講座・東日本大震災被災障がい者支援プロジェクトを起ち上げ，その一環として，被災障がい者の方のことをわかりやすく伝えるための障がい理解教育の教材化と実践を進めようとしています。この未曾有の大震災をともに乗り越えていくために，みなさん力を合わせていきましょう。

　本書を作成するにあたり，ともに授業計画と総合的質的分析などに取り組んだ，金澤潔教諭，西澤佳宏教諭，西本章江教諭，内藤恵教諭，新田沙知教諭，廣瀬文教諭，長谷川綾教諭の授業実践を紹介させていただきました。また，大阪教育大学学生の河合俊典君には，付録の追加・整理をお願いしました。京都教育大学の丸山啓史先生は，新しい分野の無理なお願いにもかかわらず，快く引き受けてくださり，わかりやすく丁寧にまとめてくださいました。心より感謝申し上げます。最後に，本書を出版する機会をいただいた福村出版に心よりお礼申し上げます。

編者紹介

冨永　光昭（とみなが　みつあき）

1959年生まれ。広島大学大学院学校教育研究科障害児教育専攻（教育学修士），広島県立廿日市養護学校教諭，広島大学大学院教育学研究科（博士課程後期）教育学専攻を経て，現在，大阪教育大学教授・文学博士。

研究テーマは，「障がい理解教育研究」「特別なニーズのある子どもの授業研究」「ユニバーサルな授業づくり」など，モットーは，「実践現場に役立つ」「スイス・ドイツ研究を究める」。

著書に『特別支援教育の授業づくり——より良い授業を求めて』（ミネルヴァ書房），『特別支援教育の現状・課題・未来』（共編著，ミネルヴァ書房），『障害児の教授学入門』（共編著，コレール社）など，論文に『ハインリッヒ・ハンゼルマンにおける治療教育思想の研究——治療教育実践と治療教育思想の関わりを中心として』（大阪市立大学　博士論文）などがある。

執筆者〈執筆順，（　）は執筆担当箇所〉

冨永　光昭（とみなが　みつあき）（第1章～第4章，第5章コメント，第6章）編者
金澤　潔（かなざわ　きよし）（第5章1節）滋賀県犬上郡甲良町立甲良東小学校
西澤　佳宏（にしざわ　よしひろ）（第5章2節）兵庫県篠山市立古市小学校
丸山　啓史（まるやま　けいし）（付録）京都教育大学

協　力

西本　章江（にしもと　あきえ）（第3章2節の事例）兵庫県明石市立明石養護学校
廣瀬　文（ひろせ　あや）（第3章3節の事例）大阪府吹田市立吹田東小学校
長谷川　綾（はせがわ　あや）（第3章5節の事例）大阪府枚方市立長尾小学校
内藤　恵（ないとう　めぐみ）（第4章の事例）大阪府堺市立金岡小学校
新田　沙知（にった　さち）（第6章の事例）奈良県葛城市立忍海小学校
河合　俊典（かわい　としのり）（付録）大阪教育大学大学院

小学校・中学校・高等学校における
新しい障がい理解教育の創造
——交流及び共同学習・福祉教育との関連と5原則による授業づくり

2011年5月10日　初版第1刷発行
2013年4月30日　　　第2刷発行

編著者　冨永 光昭
発行者　石井 昭男
発行所　福村出版株式会社

〒113-0034　東京都文京区湯島2-14-11
電話　03-5812-9702　FAX　03-5812-9705
http://www.fukumura.co.jp

印刷・製本　シナノ印刷株式会社

©Mitsuaki Tominaga　2011
Printed in Japan
ISBN978-4-571-12114-2
乱丁本・落丁本はお取替え致します。
定価はカバーに表示してあります。

福村出版◆好評図書

冨永光昭 著
ハインリッヒ・ハンゼルマンにおける治療教育思想の研究
●スイス障害児教育の巨星の生涯とその思想
◎4,500円　ISBN978-4-571-12117-3　C3037

障害児教育の先駆者ハンゼルマンの思想を考究，実践の足跡を辿り特別ニーズ教育への新たな視点を提示する。

石部元雄・柳本雄次 編著
特別支援教育〔改訂版〕
●理解と推進のために
◎2,500円　ISBN978-4-571-12115-9　C3037

増加傾向にある発達障害も含めた特別な支援を必要とする幼児児童生徒への，適切な指導方法と課題への考察。

太田俊己 監修／日本特殊教育学会北海道自主シンポジウムグループ 編著
発達障害児らの今と明日のハッピーを支える
◎2,500円　ISBN978-4-571-12113-5　C3037

特別支援教育の関係者たちが「個に応じた教育実践」を追求し，議論し続けた学会シンポジウムでの11年の実践報告。

梅永雄二 著
発達障害者の理解と支援
●豊かな社会生活をめざす青年期・成人期の包括的ケア
◎1,500円　ISBN978-4-571-42027-6　C3036

発達障害の特性を正しく理解し，青年期・成人期発達障害者の教育と就労支援について，そのあり方を考える。

藤川洋子・井出 浩 編著
触法発達障害者への複合的支援
●司法・福祉・心理・医学による連携
◎2,300円　ISBN978-4-571-42040-5　C3036

触法発達障害者が社会に戻るときの受け皿は非常に乏しい。各専門分野の支援と連携の必要性を訴える1冊。

田中農夫男・木村 進 編著
ライフサイクルからよむ障害者の心理と支援
◎2,800円　ISBN978-4-571-12103-6　C3037

障害者のライフステージに即した心理を解説。生活者である障害者への支援とは何かを理解するための入門書。

心理科学研究会 編
小学生の生活とこころの発達
◎2,300円　ISBN978-4-571-23045-5　C3011

心理学的知見から，学齢毎の発達に関わる課題を読み解く。より深く子どもを理解したい教育関係者必読の書。

明石要一・岩崎久美子・金藤ふゆ子・小林純子・土屋隆裕・錦織嘉子・結城光夫 著
児童の放課後活動の国際比較
●ドイツ・イギリス・フランス・韓国・日本の最新事情
◎3,000円　ISBN978-4-571-10163-2　C3037

ドイツ，イギリス，フランス，韓国，日本の5カ国の小学生を対象に，放課後活動の実態を調査して比較する。

近藤邦夫 著／保坂 亨 他 編
学校臨床心理学への歩み　子どもたちとの出会い、教師たちとの出会い
●近藤邦夫論考集
◎5,000円　ISBN978-4-571-24042-3　C3011

著者が提唱した「学校臨床心理学」を論文集から繙く。子ども，学生，教師，学校現場に不変の理念を示唆する。

◎価格は本体価格です。

福村出版◆好評図書

徳田克己・田熊 立・水野智美 編著
気になる子どもの保育ガイドブック
●はじめて発達障害のある子どもを担当する保育者のために
◎1,900円　ISBN978-4-571-12110-4　C1037

気になる子どもの入園前～就学援助に至る保育と保護者支援を園内外との連携も含め具体的にわかりやすく解説。

水野智美・徳田克己 編著
保育者が自信をもって実践するための
気になる子どもの運動会・発表会の進め方
◎1,700円　ISBN978-4-571-11600-1　C1337

園行事に気になる子どもを参加させる際のポイントを，成功例・失敗例をまじえてわかりやすく具体的に解説。

徳田克己・水野智美 著
点字ブロック
●日本発 視覚障害者が世界を安全に歩くために
◎2,800円　ISBN978-4-571-42037-5　C3036

日本から世界に広まった点字ブロック。世界で氾濫している誤った設置について，多数の写真を使用し解説する。

小川英彦 編著
気になる子どもと親への保育支援
●発達障害児に寄り添い心をかよわせて
◎2,300円　ISBN978-4-571-12116-6　C1037

保育者たちによる実践報告と親からのQ＆Aを多数掲載。発達障害児保育に悩む保育者と親のための1冊。

小山 望・太田俊己・加藤和成・河合高鋭 編著
インクルーシブ保育っていいね
●一人ひとりが大切にされる保育をめざして
◎2,200円　ISBN978-4-571-12121-0　C3037

障がいのある・なしに関係なく，すべての子どものニーズに応えるインクルーシブ保育の考え方と実践を述べる。

石井正子 著
障害のある子どものインクルージョンと保育システム
◎4,000円　ISBN978-4-571-12120-3　C3037

「障害のある子ども」のいる保育の場面で求められる専門性とは何か。「かかわり」という視点からの問題提起。

橋本創一 他 編著
知的・発達障害のある子のための「インクルーシブ保育」実践プログラム
●遊び活動から就学移行・療育支援まで
◎2,400円　ISBN978-4-571-12119-7　C3037

すぐに活用できる知的・発達障害児の保育事例集。集団保育から小学校の入学準備，療育支援まで扱っている。

橋本創一・横田圭司・小島道生・田口禎子 編著
人間関係でちょっと困った人＆発達障害のある人のためのサポートレシピ53
●本人と周囲がおこなうソーシャルスキルトレーニング
◎1,900円　ISBN978-4-571-42042-9　C0036

タイプ別に分け，豊富な事例から本人と周囲ができる解決策を提示。人間関係でお困りの方におすすめの1冊。

長田 実・宮崎 昭・渡邉 涼・田丸秋穂 著
障害者のための絵でわかる動作法
●はじめの一歩
◎2,600円　ISBN978-4-571-12092-3　C3037

動作特徴のモデルパターンを選択して，自分が覚えたい訓練だけを追える，ナビゲーション形式の図説書。

◎価格は本体価格です。

福村出版 ◆ 好評図書

神田和幸 編著
基礎から学ぶ手話学
◎2,300円　ISBN978-4-571-12106-7　C3037

手話の特性や文法，学習方法のあり方，聴覚障害者の現状などを最新の知見に基づき解説。手話学習者必読の書。

神田和幸 著
手話の言語的特性に関する研究
● 手話電子化辞書のアーキテクチャ
◎7,500円　ISBN978-4-571-12111-1　C3037

手話の文法構造などの言語学的研究成果を詳説。工学的応用として手話電子化辞書のアーキテクチャ等を示す。

土谷道子 著
しっかり学べる アメリカ手話（ASL）
◎1,800円　ISBN978-4-571-12109-8　C1037

20の生活場面の会話からアメリカ手話を文法に沿って体系的に学べる待望の入門書。関連単語も多数収録。

草薙進郎・齋藤友介 著
アメリカ聴覚障害教育におけるコミュニケーション動向
◎5,400円　ISBN978-4-571-12112-8　C3037

1990年代中頃からの米国聴覚障害教育におけるコミュニケーション方法の動向を様々な視点から解明する。

河野俊寛 著
子どもの書字と発達
● 検査と支援のための基礎分析
◎3,800円　ISBN978-4-571-10142-7　C3037

小学生を対象に課題を通して書字（書く行為）の発達と障害の実態を把握し，有効な支援や検査のあり方を追究。

池田由紀江・菅野 敦・橋本創一 編著
新 ダウン症児のことばを育てる
● 生活と遊びのなかで
◎1,900円　ISBN978-4-571-12107-4　C1037

ダウン症児が持つことばの問題の基本的理解と，早期からのことばの指導法を発達段階の生活と遊びから解説。

J. ライクリー 他 編著／望月 昭 他 監訳
ビギニング・コミュニケーターのためのAAC活用事例集
● 機能分析から始める重い障害のある子どものコミュニケーション指導
◎6,800円　ISBN978-4-571-12104-3　C3037

重い障害のある子ども（ビギニング・コミュニケーター）の対話指導の基本論理とAAC実践研究事例を網羅。

J.B. アーデン・L. リンフォード 著／安東末廣・笠井千勢・高野美智子 訳
脳科学にもとづく子どもと青年のセラピー
● 日々の実践に役立つ治療法
◎4,000円　ISBN978-4-571-24044-7　C3011

ADHD，不安障害，気分障害などのセラピーに，脳科学が果たす役割に注目した実践的ガイド。

M.G. フローリー＝オーディ・J.E. サーナット 著／最上多美子・亀島信也 監訳
新しいスーパービジョン関係
● パラレルプロセスの魔力
◎4,000円　ISBN978-4-571-24043-0　C3011

どう取り組むかで，心理療法が大きく変わるスーパービジョンを，受ける側と行う側の双方の立場から徹底解説。

◎価格は本体価格です。